Jean-Marie Cardebat

Économie du vin

©Éditions LA DÉCOUVERTE，Paris，France，2017

（www.editionsladecouverte.fr）

葡萄酒经济学

ÉCONOMIE DU VIN

【法】让-玛丽·卡德拜 —— 著

范郑杰 —— 译

王 昭 —— 审校

社会科学文献出版社

SOCIAL SCIENCES ACADEMIC PRESS(CHINA)

前　言

　　2015 年，葡萄酒市场价值超过了 3000 亿美元，预计 2021 年这个数字将达到 3700 亿美元（Mordor Intelligence，2016）。① 这种令人叹为观止的增长源于该领域 2000 年以来的全球化。葡萄酒已经成为各国普遍消费的世界性商品，影响新的国家、新的人群、新的年龄阶层和社会阶层。这种变化中最具代表性的例子便是中国，中国已成为世界上最大的红葡萄酒消费国。当然，不得不提的还有美国，该国在 2015 年之后成为最大的葡萄酒品类综合消费国。

---

　　① 括号内的参考资料具体参见本书最后的参考文献。下同。

此外，亚洲、非洲和美洲葡萄酒消费量的基数相对较低，所以这种变化最为明显。

与葡萄酒消费增长同样令人震惊的是葡萄酒生产的全球化。欧洲人尤其是法国人主宰葡萄酒市场的时代已经远去。当今，美国、澳大利亚和智利同样有著名的葡萄酒品牌。国际投资和国际贸易顺应这种趋势并以极为惊人的速度在增长。在金融全球化时代，葡萄酒越来越成为一种投资手段，甚至成为投机手段。葡萄酒市场出现了专门的股票交易所和实时报价。

葡萄酒种类多样，历史悠久。葡萄酒最早出现在公元前 6000 年的黑海沿岸，接着出现在美索不达米亚地区，然后是古希腊、古罗马，最后遍布整个欧洲。中世纪僧侣们以大量的优质葡萄制造弥撒用酒。可以说葡萄酒孕育了历史、文化和艺术。

葡萄酒品类的多样性扎根于历史，这种多样性也产生了一个因分类极为细致而难于分析的复杂市场。在说到散装葡萄酒时，葡萄酒可以被视为农业原料；在谈及法国列级酒庄的葡萄酒时，它可以被视为一种奢侈品；而所谓的"酒农"葡萄酒则可以被视为手工艺产品；当我们阅读众多有关葡萄酒的评论时，它则成为一种文化产品；当然，那些世界知名的葡萄酒生产企业以标准化方式生产的葡萄酒可以被视作工业产品；近来，葡萄酒甚至成为几十家专门性投资基金的替代性金融资产。不同类型的葡萄酒分别对应不同的商业模式和特定的细分市场。

基于上述特点，葡萄酒为经济学提供了丰富的研究课题。它尤其涉及产业经济学的一些重要问题，特别是有关产品质量指标的问题：葡萄酒质量的相关指标有哪些？提供质量信息的专家的作用和可靠性如何？在质量充满不确定性的市场中，声誉有多重要？葡萄酒市场涉及诸多信息不对称问题，葡萄酒行业的多样性引出市场结构方面的关键问题：规模差距如此之大的各类葡萄酒生产企业（从家族企业到跨国公司）如何能够在市场上共存，甚至是在产品价格持平的情况下共存？如何解释该行业相对较低的集中度？葡萄酒行业揭示了市场广度的重要性，而且市场广度与生产商的多样性和消费者品味的多元化密切相关。因此，对葡萄酒领域的研究为许多部门提供了丰富的经验。在农业经济学中，鉴于葡萄酒从三年到几十年不等的储存年限，它有着特殊的地位。这既涉及策略性存储的问题，也关乎葡萄酒随时间而产生的价格估值变动。目前尚不存在能够形成价格预期的葡萄酒期货市场，经济学家所发挥的作用主要在于提供决策工具，特别是通过考量葡萄酒的多样性而提出相关的价格预测。

然而，葡萄酒行业的这些特点和其所存在的多样性会持续下去吗？该行业是否会同其他行业一样，被全球化所带来的标准化问题束缚呢？最大的问题在于探索葡萄酒行业的所有商业模式是否能够共存。鉴于该市场存在诸多经济挑战，谁将成为市场的赢家而谁将成为输家？对法国来说，葡萄酒业（包括干邑）仅次于航空业，占据该国第二大贸易顺差的地位，2015 年葡萄酒业的贸易顺差约为 104 亿欧元。对于农村地区来说，就业机会相对较少，葡萄酒业提供了宝贵的就业机会；同时，其特殊的景观功能也在一定程度上有利于国家土地治理。此外，葡萄酒种植园主也是重要的纳税人。当然，这一行业对新西兰、智利、南非或西班牙等国家来说也至关重要。抢占开放的新市场加剧了该行业已十分激烈的竞争。

本书的主要写作目的是使人们了解葡萄酒行业正在发生的变化和这个复杂市场的运行机制。随着竞争对手的增多和气候的不断变化，葡萄酒的供应情况出现了较大变化；而在需求方面，消费者的社会学构成以及不断改变的态度和预期也对葡萄酒市场产生了重要影响。葡萄酒的价格动态难以理解和预测，价格的变化促使生产商不断改进运营战略和商业模式，并造成了葡萄酒市场的不稳定性。

本书共分为四部分。第一部分和第二部分分别侧重于供求的决定因素和变化。第三部分主要讨论全球竞争中的市场组织和利益相关者的战略。第四部分描述葡萄酒价格形成的复杂机制，并将葡萄酒的金融化纳入其价格动态的决定因素。

目 录

一　葡萄酒供应的全面变化　　　　　　　1

（一）葡萄酒供应的影响因素　　　　2

（二）葡萄酒供应的国际化　　　　13

（三）葡萄酒是高度多样化的产品　　23

（四）葡萄酒的商业模式：价值创造的

　　　挑战　　　　　　　　　　39

二　葡萄酒需求的决定因素　　　　　　50

（一）从葡萄酒文化到葡萄酒时尚？　51

（二）质量的认知　　　　　　　61

（三）现在和未来的推荐人　　　　73

（四）世界葡萄酒消费面临的威胁　　84

三　葡萄酒市场及其组织架构　　　　　　98

　（一）市场的组织模式　　　　　　　99

　（二）未来市场组织的关键和挑战　　108

　（三）葡萄酒市场的国际化　　　　　119

四　葡萄酒价格的动态　　　　　　　　136

　（一）市场价格的确定　　　　　　　137

　（二）葡萄酒价格动态的差异　　　　148

　（三）葡萄酒价格的金融化　　　　　154

结束语　　　　　　　　　　　　　　　173

参考文献　　　　　　　　　　　　　　176

表目录

表 1　对法国三大葡萄酒产区葡萄酒年份的评价　8

表 2　主要国家或地区不同时期葡萄酒年均产量　14

表 3　葡萄酒市场的细分（以价格为基础）　26

表 4　散装葡萄酒市场主要国家的出口量和

　　　进口量的比重　30

表 5　2016 年 9 月世界上最贵的 15 种葡萄酒的

　　　价格（以美元为标准，每瓶葡萄酒 75cl）　36

表 6　葡萄酒领域不同形式的纵向一体化程度

　　　及特征　40

表 7　2014 年世界最知名的葡萄酒品牌

　　　（按照销售量来排名）　45

表 8　世界葡萄酒消费者的社会学演变　55

表 9　2013~2015 年主要葡萄酒消费国的葡萄酒

　　　消费量排名　　　　　　　　　　　　58

表 10　葡萄酒瓶身上对消费者的质量认知

　　　有影响的信息　　　　　　　　　　　67

表 11　葡萄酒品鉴专家　　　　　　　　　　74

表 12　1961 年和 2005 年部分国家啤酒、葡萄酒

　　　和烈酒的消费量（占酒精总消费量的

　　　百分比）　　　　　　　　　　　　　86

表 13　生态葡萄酒的主要类型　　　　　　　91

表 14　2015 年十大葡萄酒进口国和出口国　122

图目录

图 1　1995～2015 年世界葡萄酒产量　　　　　　3

图 2　优质葡萄酒的经济学价值分解　　　　　　11

图 3　1995～2015 年葡萄酒全球产量

　　　（按照新旧世界划分）　　　　　　　　18

图 4　2014 年每升散装葡萄酒出口的平均价格　　32

图 5　1995～2015 年世界各地区葡萄酒消费量　　56

图 6　1995～2015 年部分国家的葡萄酒消费量　　58

图 7　葡萄酒产业链　　　　　　　　　　　　100

图 8　1995～2015 年全球葡萄酒出口的增长　　121

图 9　1995 年、2015 年全球葡萄酒贸易中

　　　"新世界"国家的崛起及其出口量　　124

图 10　葡萄酒市场的理论表征（短期平衡）　　139

图 11　散装葡萄酒（A）和优质葡萄酒（B）

　　　价格的演变　　　　　　　　　　　　149

资 料

资料 1　从风土到原产地命名保护　　　　　5

资料 2　英格兰，新的葡萄酒黄金国？　　　22

资料 3　罗曼尼·康帝——顶级奢侈葡萄酒　35

资料 4　信息在葡萄酒质量认知中的关键作用　70

资料 5　美国精酿啤酒的现象　　　　　　　89

资料 6　购买有机葡萄酒的意愿　　　　　　96

资料 7　葡萄酒行业集群的出现　　　　　107

资料 8　葡萄酒行业外国直接投资的类型　131

资料 9　优质葡萄酒期货市场的失败经验　162

一 葡萄酒供应的全面变化

南欧国家垄断葡萄酒生产的时代已经过去。随着此起彼伏的葡萄酒浪潮来袭，新的葡萄酒生产国开始出现。这种现象为全球葡萄酒的生产带来了多样性，也催生了新形式的金融活动。与此同时，更加激烈的竞争也随之出现，迫使诸多葡萄酒供应商采取更多样化、更强有力的战略，拓展其品牌的影响力。本部分讲述20世纪以来葡萄酒行业出现的变化以及全球化对葡萄酒生产的影响。但是，首先要谈及这种商品的农业属性以及气候、土壤和种植者等主要决定性因素在葡萄酒供应中发挥的关键作用。

（一） 葡萄酒供应的影响因素

葡萄酒供应存在两个维度：葡萄酒年生产量和葡萄酒质量。这两个维度都取决于同样的影响因素：土壤、气候以及葡萄种植者所采用的种植工艺。同时，葡萄酒还具有一项特性，即与时间有非常特殊的联系。同时，受时间影响也是葡萄酒的重要属性。时间对葡萄酒品质有显著影响，并且可能引发葡萄酒生产商的一些战略性举动，从而进一步影响葡萄酒的产量。

1. 土地和种植者

随着时间推移，葡萄种植者更倾向于选择最适宜种植葡萄苗的土壤以及最适宜的葡萄栽培品种。葡萄树可以适应贫瘠的土壤和干燥的气候，但是种植技术的不断提升使葡萄树能够适应更多类型的土壤和气候。土壤、气候特征以及技术选择等多种因素共同影响葡萄种植土地。官方也通过原产地命名保护对特定的种植土地表示认可（见资料1）。不同的生长环境决定不同的葡萄产量，也确定了葡萄种植地域的疆界。葡萄产量和地域性影响着全球范围内的葡萄酒产量。几十年来，虽然不稳定的天气状况导致葡萄收成时常出现变化（见图1），葡萄酒产量却呈增长趋势。葡萄种植者在种植园和酒窖采用高效能技术，比如砧木、化学用品如除虫剂等，保证了葡萄园的收成和葡萄酒的平均产量。

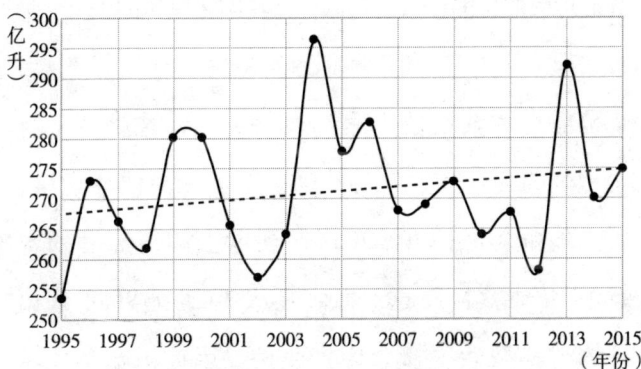

图1　1995～2015年世界葡萄酒产量

注：虚线表示1995～2015年世界葡萄酒产量的线性发展趋势。

资料来源：国际葡萄与葡萄酒组织。

然而，产量的提升在一定程度上被生产面积的小幅下降所抵消。根据国际葡萄和葡萄酒组织（OIV）的数据，1995～2014 年全球葡萄种植面积减少了2.9%。种植面积减少的情况主要出现在欧洲国家：虽然欧洲之外出现了新兴的产酒园，但这些国家增加的种植面积无法抵销目前欧洲减少的葡萄种植面积。不过，从 2012 年开始，全球葡萄种植面积又重新获得了增长。另外，欧盟在 2016 年也调整了葡萄种植授权管理机制，扩大了成员国葡萄种植面积的权限——葡萄种植的总面积目前可以保持在国土面积的 1%。

　　但风土也赋予了葡萄酒典型性。土壤、气候、葡萄品种和栽培技术之间彼此关联，这赋予了特定地区的葡萄酒独特的味道。欧洲相关法令规定，原产地命名保护（AOP）保证风土和葡萄酒的本真性。"本真性"这一概念是从 20 世纪 90 年代出现的"典型性"概念中产生的。因此，同一地域生产的葡萄酒必须具有重要的相似性，并且能够在品尝时被甄别出来。

资料1 从风土到原产地命名保护

2010年6月25日，国际葡萄与葡萄酒组织全体大会经过43个成员的一致表决通过了有关"葡萄酒风土"定义的决议：葡萄种植的"风土"（terroir）是一个概念，指的是一个集体种植经验得以发展的空间，该空间存在可识别的物理、生物环境与葡萄酒酿造技术之间的相互作用，并可以赋予这一地区的产品以可识别的特征。"风土"包括土壤、地形、气候、景观和生物多样性等。

欧盟委员会承认风土和原产地命名保护之间具有联系。原产地命名保护（AOP）规定了一系列精确的细则，包括生产区域、葡萄品种、最高产量、酒精含量以及栽培和酿酒工艺。早在1935年，法国葡萄园就推行了世界上首个原产地命名保护，它成为产地保护和质量指标。根据国际葡萄与葡萄酒组织在世界范围内所确认的2199个原产地命名保护清单，法国原产地命名和质量监控委员会（INAO）指出，法国是世界上进行原产地命名保护数量最多的国家，共有330个［在法国称其为"原产地命名控制"（AOC），"原产地命名保护"是欧盟确定的］。

2. 葡萄种植中的天气因素

气候对葡萄酒的产量和质量均有直接影响。从图 1 中可以看出，世界葡萄酒产量在不同时间存在明显差异，而这很大程度上取决于气候条件的变化。主要问题不仅来自于降水过多或过少，还在于极端天气如暴雨、冰雹或者结冰期延长（易导致晚霜）等。

大部分葡萄酒生产国会受到干旱天气的影响。干旱天气降低葡萄汁的含量，影响葡萄酒产量，甚至可能导致葡萄树死亡。在全球气候变暖的背景下，部分葡萄酒生产地区显然受到了更明显的影响，尤其是澳大利亚。干旱天气对澳大利亚的农作物产量有较大影响。例如，2007 年澳大利亚的葡萄酒产量比前三年的平均产量降低了 33%。2012 年，阿根廷也经历了类似状况，葡萄酒产量减少了 22%。根据美国实业银行摩根士丹利 2013 年的报告（Morgan Stanley Research, *The Gobal Wine Industry*, October

22，2013），2012 年对全球葡萄酒产量来说是糟糕的一年，天气变化导致了全球性葡萄生产匮乏。这份报告当年被多家媒体转载。

水分过多对葡萄树来说同样是致命的，不仅不利于葡萄的成熟，且易滋生葡萄病害（尤其会滋生真菌）。2013 年，世界第一大葡萄酒产区波尔多就是典型事例。由于降水量较多，2013 年波尔多地区的葡萄酒产量相较于往年下降了 20%。

在北半球，四月初到五月底葡萄芽已经形成，这时晚霜也会给葡萄酒产量带来灾难性后果。1991 年波尔多曾经遭遇这种状况。2016 年勃艮第产区、香槟产区和卢瓦尔河谷产区也遇到了同样的情况。遇到干旱，葡萄酒产量一般下降 20% 到 30%。勃艮第葡萄种植区在遭遇晚霜后又遇到暴雨和冰雹。虽然部分葡萄种植者已经采用科技手段抵御气候灾害的侵袭，例如在葡萄园中点蜡烛以防止结冰、发射防冰雹烟火等，但气候风险仍然是葡萄种植过程中最致命的风险，也给全球葡萄酒产量带来了很大的不确定性。

表 1　对法国三大葡萄酒产区葡萄酒年份的评价

产区 ＼ 年份	2004	2005	2006	2007	2008	2009	2010	2011	2012	2013	2014
波 尔 多	3	5	3	3	3	5	5	3	3	1	3
勃 艮 第	3	5	3	4	3	5	4	3	3	2	4
罗讷河谷	3	4	4	3	2	5	4	3	4	2	4

注：1. 小年，2. 一般年份，3. 品质好的年份，4. 品质非常好的年份，5. 杰出年份。

资料来源：《Classement des régions viticoles de France par année》，*Le Figaro*，http://avis-vin.lefigaro.fr/connaitre-deguster/tout-savoir-sur-le-vin/guide-des-millesimes。

　　当然，气候同样可能是温和、适宜的，这种气候有利于提高葡萄酒的产量和提升葡萄的品质。气候的年际变化导致了"年份"这一概念的形成。如表 1 所示，气候变化显著的葡萄酒产区，尤其是像波尔多这种受海洋气候影响的地区，同一葡萄酒生产商的葡萄酒质量和价格会随葡萄酒年份不同发生明显变化。这种情况在气候变化小的地区不是很突出，例如对美国加利福尼亚州这种地区来说，不同年份之间的葡萄酒质量差异不大。但是，对于世界各地的葡萄酒产区来说，不同年份之间的葡萄酒质量差异是必然存在的。品质好的年份的产品往往被葡萄酒爱好者青睐，酿酒师和专家也会通过媒体大力宣传这种高品质的葡萄酒。下文将详述专家的角色及其对体验型产品（只有品尝和消费之后才能知道其品质）的重要性。

3. 葡萄种植中的时间因素

时间对葡萄酒品质而言同样至关重要。葡萄酒存在味觉巅峰，也就是其品质最大化的时间点，不同葡萄酒的最佳饮用时间和陈化程度各不相同。由于缺乏陈年潜力，一般品质的葡萄酒在灌装后很快就被饮用。优质葡萄酒则根据单宁和酿造工艺的不同，存在或长或短的陈年潜力（橡木桶陈酿可以提升葡萄酒的结构，令葡萄酒得到更好保存）。如果气温、光线、湿度等储存条件适宜，葡萄酒的品质随储存时间的延长而得到提升。当然，品质提升并不是必然出现的。

对于有陈年潜力的优质葡萄酒来说，时间的"工艺价值"走势呈凹线形。这种"工艺价值"通过人们对产品质量的喜爱程度而体现在经济价值上。但正如其他任何一种商品一样，葡萄酒也必然存在本质上的经济价值。消费为葡萄酒赋予稀缺性价值。葡萄酒生产年份越久远，在市场上找到这种酒的可能性就越小。某个年份的葡萄酒，即使不是全部，至少也是绝大部分，都将被喝光，或者被遗失，又或者被打碎。当然，这种稀缺性价值只针对优质葡萄酒而言，消费者认为这类葡萄酒是独特的或难以被其他葡萄酒取代的。对于一般葡萄酒来说，不同葡萄酒之间的替代性极高，消费者可以选择其他相同价格的替代品。因此所谓的"稀缺性价值"对一般葡萄酒而言是没有意义的。这种葡萄酒的经济价值构成仅在于工艺酿造价值，而这种价值随着时间变化递减速度很快（一般而言从三年到五年不等）。

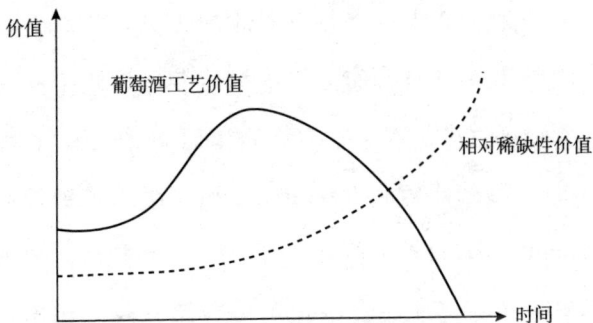

图2 优质葡萄酒的经济学价值分解

图 2 显示时间对优质葡萄酒价值的影响。葡萄酒的整体经济价值是工艺价值和相对稀缺性价值之和。在达到味觉巅峰（葡萄酒工艺价值的最大值）之前，这种价值将保持持续增长。不同种类的葡萄酒达到味觉巅峰的时间点不同，对波尔多、勃艮第、罗讷河谷的特级田来说，味觉巅峰一般出现在 10 年到 20 年之间。对于优质甜白葡萄酒，例如苏玳，味觉巅峰出现的时间可能更长一些。葡萄酒生产商为使其经济利益最大化，会选择储存葡萄酒产品以便在其价值达到最高点时出售，而非在酿造和灌装后立即销售。不同国家的优质

葡萄酒生产商大都采用这种销售方式。例如,根据西班牙和美国的葡萄酒等级体制,这两个国家的葡萄酒生产商都会推迟优质葡萄酒 [佳酿 (cri-anza)、珍藏葡萄酒 (reserva) 和特级珍藏葡萄酒 (grand reserva)] 的上市时间。意大利和法国的葡萄酒生产商也往往会等几年才会部分或全部出售其葡萄酒产品。波尔多地区享有盛名的拉图酒庄也常年选择这种方式,目的在于获取时间所带来的附加价值。

而对于经济价值下跌速度很快的一般葡萄酒而言,保存太长时间反而是危险的。这也很好地解释了为什么葡萄酒生产商对这类葡萄酒一般采用短期销售策略。储存一般葡萄酒的唯一增值可能性在于收成减少带来价格上涨的预期。对葡萄酒的战略性储存也形成一种断裂:特定年份的葡萄产量和酿造后的成酒供应量之间的断裂。

（二） 葡萄酒供应的国际化

历史上葡萄酒的生产主要集中于地中海沿岸，该地区在产量上长期保持优势地位，但是这种优势地位能保持到何时呢？全球葡萄酒消费的发展催生了新兴的葡萄酒生产国。这些新兴的葡萄酒生产国已然成为老牌葡萄酒生产国的强劲竞争对手。同 20 世纪 80～90 年代制造业领域发生的变化一样，我们正见证着葡萄酒供应领域的巨大变化：由老牌葡萄酒生产国向新兴葡萄酒生产国转移。同时，这种可能出现的全新格局面临全球变暖带来的新风险。

1. 葡萄酒的全球生产面临既有秩序的转变？

根据葡萄酒生产国在世界市场上出现的先后顺序，可以将全球的葡萄酒生产国分为三组。历史悠久的葡萄酒酿造国家组成传统意义上的"旧世界"，主要包括西班牙、法国和意大利等国。葡萄牙、德国和希腊也可以划归这一组，这些国家的葡萄酒生产具有很强的代表性。

新兴的葡萄酒生产国出现于 20 世纪下半叶并在 20 世纪末得到了快速发展，一般这些国家并非天然存在葡萄种植地区。这一组国家组成"新世界"，包括南非、阿根廷、澳大利亚、智利、美国和新西兰。

表 2 主要国家或地区不同时期葡萄酒年均产量

单位：亿升，%

国家/地区	1995～2005 年	2006～2010 年	2011～2015 年	2011～2015 年排名	比重（占总量的百分比）
意 大 利	51.1	48.2	47.2	1	17.3
法 国	54.1	46.2	45.7	2	16.8
西 班 牙	34.2	36.4	37.3	3	13.7
美 国	20.2	20.3	21.7	4	8.0
阿 根 廷	14.2	14.7	14.2	5	5.2
中 国	10.2	12.6	12.2	6	4.5
澳大利亚	9.5	11.9	11.9	7	4.4
智 利	5.5	8.9	11.7	8	4.3
非 洲	8.0	9.7	10.8	9	4.0
德 国	9.5	8.9	8.9	10	3.3
葡 萄 牙	7.1	6.6	6.2	11	2.3

国家/地区	1995~2005年	2006~2010年	2011~2015年	2011~2015年排名	比重（占总量的百分比）
俄 罗 斯	3.3	7.0	5.7	12	2.1
罗马尼亚	5.7	5.1	3.9	13	1.4
希　　腊	3.8	3.6	2.9	14	1.1
巴　　西	3.1	2.9	2.9	15	1.1
匈 牙 利	4.0	3.0	2.5	16	0.9
新 西 兰	0.7	1.8	2.5	17	0.9
乌 克 兰	1.8	2.7	2.3	18	0.8
塞尔维亚	0.0	1.9	2.3	19	0.8
摩尔多瓦	2.4	1.6	1.8	20	0.7
保加利亚	2.4	1.5	1.3	21	0.5
全　　球	270.7	271.4	272.7		100

注：以上21个国家或地区的葡萄酒产量占2015年全球葡萄酒产量的94%。

资料来源：国际葡萄与葡萄酒组织。

从表2可以看出，不同国家在世界葡萄酒生产体系中所处的地位不同。虽然葡萄种植面积有所下降，但是历史上的三大葡萄酒生产国的葡萄酒产量几乎占全球葡萄酒产量的一半。21世纪前十年，法国最大的葡萄酒生产国的地位被意大利取代。得益于加利福尼亚州和华盛顿州（瓦拉瓦拉地区）的葡萄酒产量，美国成为"新世界"国家中最大的葡萄酒生产国。虽然新西兰在国际市场上备受关注且具有活力，但该国的葡萄酒产量在全球葡萄酒产量中所占的份额相对较小。从表 2 可以看出德国的重要性：虽然德国受到的关注远不如其他国家，但是其白葡萄酒产量不可小觑，德国的白葡萄酒（尤其是摩泽尔产区的雷司令白葡萄酒）经常位居最佳同类产品之列。从表 2 也可以看出，中东欧国家（Les Pays d'Europe Centrale et Orientale，简称 PECO）尤其是黑海周边国家，是世界葡萄酒生产的积极参与者。

但是最引人注目的是中国在世界葡萄酒生产体系中的地位。2010 年以来，中国已经可以与"新世界"国家中的澳大利亚和南非平起平坐。中国已是部分人所说的"新新世界"中的领头国家，属于所谓的第三组国家。从长远来看，中国或将成为葡萄酒市场的领导者。"新新世界"国家是一批新的葡萄酒生产国，目前普遍认为，2020 年左右这些国家将在葡萄酒领域迅速崛起，其中包括印度和巴西，也包括中东欧国家，以及葡萄酒生产体量较小的俄罗斯。这些国家葡萄酒生产增长的最大驱动力源于消费。一旦消费需求增长成为必然趋势，本土化生产也必然紧随其后，正如中国目前所发生的那样，消费者会自然而然地转向购买本国产品。因此，这些"新新世界"国家在世界葡萄酒生产体系中的地位预计将会提高。

然而，2020年左右真的会出现葡萄酒生产体系的大变动吗？毫无疑问，"新世界"国家在葡萄酒产量以及出口数量方面（见第三部分）已经巩固了地位。不过正如图3所示，这种变化的速度仍然相对较慢。1995～2015年，不同组别国家的权重是相对稳定的，"旧世界"国家所占份额的下降和"新世界"国家所占份额的提升都相对较小（从每条曲线的线性变化趋势中可以看出）。差距的缩小很大程度上源于智利和新西兰葡萄酒产量的增长。其他"新世界"国家葡萄酒产量的增长普遍来说相对较少。1995～2015年，"旧世界"失去了3%的全球葡萄酒产量份额。

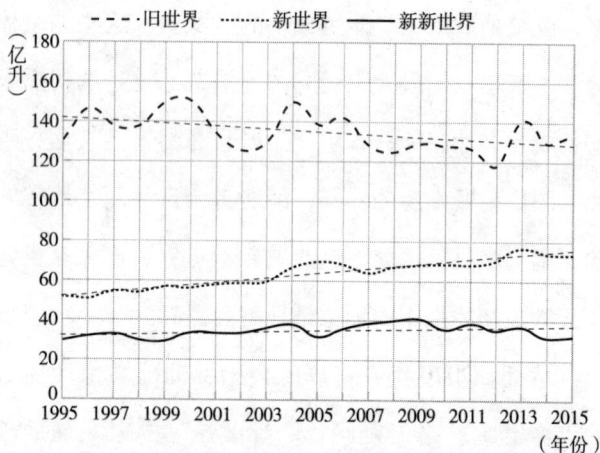

图3 1995~2015年葡萄酒全球产量（按照新旧世界划分）

注："旧世界"国家包括意大利、法国、西班牙；"新世界"国家包括美国、澳大利亚、新西兰、智利、阿根廷、南非；"新新世界"国家包括中国、巴西、印度、俄罗斯、中东欧国家（罗马尼亚、匈牙利、保加利亚等）。虚线表示的是葡萄酒产量的线性发展趋势。

资料来源：国际葡萄与葡萄酒组织。

表2显示的排名很可能将延续至2020年。尽管这种排名相对稳定，缓慢的融合却仍在进行。未来葡萄酒产量的增长速度将取决于重要地区消费情况的变化和部分国家（主要是智利）葡萄酒产量增长的持续性以及可能影响葡萄酒供应的突发性事件。从长远来看，葡萄酒产量主要的不确定性在于气候

变暖及其对葡萄酒产区的影响。

2. 气候变暖是未来国际葡萄酒供应格局的主宰者吗？

20 世纪，全球范围内平均气温正在上升的现象已成为确定的事实。联合国政府间气候变化专门委员会（Intergovernmental Panel on Climate Change，IPCC）针对气候变化的报告（Giec，2013）指出，具体的措施已经证明了这一事实。专家们预测，地球的大气温度到 21 世纪末将平均上升 2℃ 至 4℃。气候变暖目前已经对葡萄产生了影响，如果这种状况继续下去，后果将会更为严重。因此，探讨该现象对葡萄酒行业的经济影响是合理且必要的。谁将成为赢家？谁将成为输家？针对气候变暖问题应该采取什么样的应对之策？

2016 年，在《葡萄酒经济学杂志》（*Journal of Wine Economic*）有关气候变化问题的专刊上，葡萄栽培学、酿酒学和经济学等领域的研究人员和著名的酿酒师就上述问题分享了他们的专业意见。葡萄种植者普遍指出，除气候变暖外，气候失常和晚霜、干旱、冰雹、暴雨等极端天气出现的频率也在增加。这些突发性天气事件会导致出现葡萄病害，进而影响葡萄生长和产量。同时，由于极端天气本身的不可预测性，人们很难对其做出有效应对。

在气候温和或者寒冷的葡萄酒产区，气候失常的影响更容易得到证实。与上面说的情况相反，在这些地区，平均气温的上升有利于收获成熟度更高的葡萄，德国或英国的情况就是如此（见资料2）。大部分产酒国的葡萄采收期在21世纪出现了很大的变化。勃艮第博纳区的路易拉图酒庄的技术总监鲍里斯·尚比指出，葡萄的平均采收时间从1930年至1940年的10月中旬提前到2000年以来的9月20日左右，葡萄的酸度也有所下降。

总的来说，正如丹尼斯·杜布迪厄（酿酒学教授、国际知名葡萄酒顾问及波尔多多家酒庄庄主所指出的，平均气温的上升对葡萄的产量和质量带来了有益影响。2000年以来波尔多葡萄酒的杰出年份出现的频率非常高。但在最温暖的地区，气温上升导致葡萄的糖分增加，从而使酒精度上升，这可能会造成一定的问题。阿尔斯通等人认为，1992～2009年葡萄酒的酒精度上升的原因更多地源于消费者，尤其是美国人口味的变化，而不是全球气候变暖（Alston et al., 2015）。

气候变暖的适应性策略旨在避免酒精度过高。改良植物的遗传基因是一方面，改进葡萄栽培技术也可以更好地保护葡萄，避免曝晒和高温损害葡萄酒品质。为躲避平原地区的过高温度，西班牙或阿根廷的葡萄种植园主往往会在海拔较高的地方种植葡萄。《葡萄酒经济学杂志》特刊指出，专业人士和研究人员对应对中长期气温的上升是相对有信心的。正如我们对波尔多地区的描述一样，气温上升甚至可以提升葡萄酒的平均质量。然而，葡萄酒的性质及其典型性可能会受到影响。此外，在联合国政府间气候变化专门委员会所预测的最糟糕情况下（气温上升超过4℃），全球气候变暖问题可能带来更严重的问题。

资料2 英格兰，新的葡萄酒黄金国？

2004～2013年，英国葡萄园的数量增长了148%。英国用霞多丽或皮诺生产的英国香槟吸引了许多葡萄酒专家和消费者。许多媒体关注这一现象并借此强调全球变暖对北半球国家葡萄酒生产的有益影响。然而，东英吉利大学研究人员2016年4月发表的研究证明，这一结论并非完全成立。奈斯比特等人（Nesbitt et al.，2016）认为，自1993年以来，英国葡萄种植区葡萄生长季节的平均温度已上升13℃，达到了利于葡萄种植的温和、适宜气候的极限。然而，奈斯比特等人还指出，与极端天气（尤其是降雨）相关的年内和年际变化性很大，这对葡萄种植和产量的影响很大。其中明显的例子是2012年，与前三年的平均收成相比，这一年葡萄产量下降了65%。可以说，英国葡萄酒业初具规模，但从长远来看其发展仍然面临很多困难。

从长期来看，葡萄酒生产国的分布将保持稳定，但可能出现两种新变化。一是葡萄酒的品质可能随人们口味的变化而变化。二是出现新兴葡萄酒生产国。英国等新兴葡萄酒生产国的出现不是新现象（见资料2），其影响也并非完全消极的，相反，这增加了葡萄酒供应的多样性。

（三）葡萄酒是高度多样化的产品

葡萄酒种类极多，因此葡萄酒行业成为产业经济专业的教学案例。葡萄酒行业具有分散性和多样化的特点，全球成千上万的葡萄酒生产商生产种类多样的葡萄酒。世界四大葡萄酒生产集团的葡萄酒产量仅占全球葡萄酒总产量的不到 10%（Market Line，2015）。葡萄酒行业也存在不同性质的葡萄酒，从散装销售的基本农业生产葡萄酒到在奢侈品领域成为符号的名牌葡萄酒。全球葡萄酒产品涉及所有细分市场，但需要对其进行具体分析。

1. 市场细分的困难

目前存在大量经济学和与市场相关的文献，它们揭示了葡萄酒市场细分的复杂性。根据市场细分规则，将不同的产品或者消费者划分到不同组别，每一组的内部要素具备同质性。良好的市场细分意味着不同组别之间的葡萄酒替代性较弱，而同一组内的葡萄酒替代性很强。这样，能够根据不同市场细分识别的消费者购买行为进行恰当的市场定位。若市场细分不佳，葡萄酒行业将面临市场营销与消费者期待相脱节的风险，从而导致商业失利。

市场细分存在两个不同切入点：需求角度（消费者）和供应角度（产品）。

从供应角度来看，可以根据产品的不同特征进行市场细分。主要的决定因素包括：

- 产地：国家、地区、原产地命名保护，以及与质量相关的普遍性规则，这种规则同时也是质量和（或）特殊性的保证；

- 容器：散装或盒装，塑料瓶装或玻璃瓶装，不同形状、尺寸的酒瓶；

- 颜色：红色、桃红、白色；

- 性质：干型葡萄酒、甜型葡萄酒、起泡酒等；

- 外观（对于同一种颜色的酒来说）：葡萄品种（存在上百种）、酿造方法（是否有木桶味、是否加硫），等等。

国际葡萄与葡萄酒组织认可的产区和子产区高达 2199 个、葡萄栽培品种有上百种、葡萄酒生产商也有数万个，因此对葡萄酒市场进行明确和准确的划分是非常困难的。

从需求角度来看，全球消费者的多样性同样使市场细分工作变得十分困难。主要的决定因素包括：

- 国籍；

- 社会人口概况（同一国家）：年龄、收入、职业等；

- 消费者期待：对于葡萄酒的态度和期许（通过实验经济学的调查或模拟来确定）；

- 知识水平和购买频率：葡萄酒是一种需要消费者不断学习和丰富学识的产品，可以将消费者分为新手、偶尔买酒的人、业余爱好者和行家（鉴赏家）。

全面的市场细分将上面提及的供应和需求的决定因素同时纳入考量。结果的复杂性很可能导致市场细分不明晰或不具备操作性。因此，有些学者强调市场细分一元标准的重要性（Fulconis et Viviani，2010）。这些人援引2003年荷兰合作银行（该银行提供针对葡萄酒市场的季度报告）的报告，提议以葡萄酒价格为基础对市场进行细分。受法国政府委托，安永会计师事务所（Ernst & Young）在2001年也对葡萄酒市场进行了上述的细分。表3显示了这两种参考研究的结果。

表3　葡萄酒市场的细分（以价格为基础）

葡萄酒等级	安永会计师事务所（2001 年）	荷兰合作银行（2003 年）
顶级（Icon）	>23 欧元	>150 欧元
超优质（Ultra – premium）	9. 20 ~ 23 欧元	14 ~ 150 欧元
高级优质（Super – premium）	4. 60 ~ 9. 20 欧元	7 ~ 14 欧元
中级优质（Premium）	2. 50 ~ 4. 60 欧元	5 ~ 7 欧元
一般优质（Popular premium）	1. 20 ~ 2. 50 欧元	3 ~ 5 欧元
基本（Basic）	< 1. 20 欧元	<3 欧元

资料来源：摘编自 Rabobank（2003），in Fulconis et Viviani（2010）；Ernst & Young（2001），in Blot（2011）。

这种以价格为基础进行的市场细分可以区分葡萄酒的等级。从表3可以看出，不同的葡萄酒等级存在明显的价格差异。这也反映出问题的复杂性，细分方法对结果具有明显的影响。相反，各类细分在需要纳入分级上存在趋同。然而，应该避免以价格细分来鉴别葡萄酒的质量，质量的概念在葡萄酒领域仍然是十分主观的。需求问题涉及消费者对葡萄酒质量的认知，我们将在第二部分探讨这个问题，以便引入这一主观维度。

针对市场细分存在相关的学术研究。学术研究因多维度性往往更加全面，但是研究的可读性或可操作性有时相对较低。研究方法的多元性实际上印证了对葡萄酒市场进行准确细分的复杂性。不断变化的市场、不断更新的供应以及消费习惯的演变等因素均从某个角度解释了这种复杂性。但从根本上来说，葡萄酒本身的多元性导致了该市场的高度复杂性，难于分析。为了阐明上述看法，我们反对在两种极端市场情况下的分析。

2. 作为农产品的葡萄酒

根据世界海关组织的资料，散装葡萄酒是指包装在 10 升以上的容器中的所有非瓶装葡萄酒。初次销售后，散装葡萄酒可以与其他酒相混合以生产瓶装酒，也可装在其他容器中出售给最终消费者。散装葡萄酒的大宗交易催生了批发贸易，这种贸易往往涉及某些商业巨头。像其他国家一样，在法国散装葡萄酒市场占据主导地位（Montaigne et Coelho，2012）。大部分散装葡萄酒由该领域的大型企业（中介商或者交易人）购买，再次包装后在国内或国际市场上销售。在法国，五大葡萄酒酿制企业占散装葡萄酒进口市场一半以上的份额。但是散装葡萄酒交易市场的世界领先者是美国企业西雅蒂（Ciatti）。该公司活跃于世界上所有的葡萄酒生产地区，根据葡萄酒每日价格（现货价格）或者长期合同将买家和卖家联系起来。

散装葡萄酒的交易活动与其他消费品的交易活

动相似，这种消费品通常指的是初级材料，不管其性质（能源的、金属的、农业的）如何，对初级农产品来说尤其如此。对一般葡萄酒（那些没有地理标识的葡萄酒）来说，同质性条件同样成立。在这种情况下，区分法国葡萄酒、意大利葡萄酒和西班牙葡萄酒几乎是不可能的。因此，在全球市场上，可以发现中国的葡萄酒酒瓶中装的是澳大利亚产的葡萄酒。法国南部酒业协会的数据显示，中国生产的瓶装酒30%~40%装的是散装进口的外国葡萄酒。[1] 同样地，法国葡萄酒可能装的是进口自西班牙的散装葡萄酒，瓶标上标明原产地为欧洲。

葡萄酒市场的全球化和商品化源于全球供需情况的变化。当然，这是由散装葡萄酒技术标准的降低、交通运输条件的改善（例如，flexitank[2]）以及

---

[1] www. suddefrance‐developpement. com.
[2] 安装在20英尺集装箱中的可延展性塑料袋。1英尺约等于0. 304 米。

葡萄酒生产国家的增多导致的葡萄酒市场的变化
也适应了全球对平价葡萄酒产品的需求。散装葡
萄酒市场自 2000 年以来保持了迅速发展的态势。
从体量上看，根据国际葡萄与葡萄酒组织的数
据，2015 年散装葡萄酒的国际贸易额占葡萄酒总
贸易额的近 40%（按照散装葡萄酒的统一最低价
值计算，约占总价值的 10%）。表 4 列出了散装
葡萄酒市场上重要国家的出口量和进口量分别占
出口总量和进口总量的比例。

表 4　散装葡萄酒市场主要国家的出口量和进口量的比重

单位:%

国　　家	出口量（2014 年）	国　　家	进口量（2015 年）
西 班 牙	57	法　国	75
南　非	60	德　国	59
澳大利亚	55	俄罗斯	50
智　利	42	英　国	34
美　国	44	加拿大	28

注：数字代表有关国家散装葡萄酒的出口量占其出口总量和进口
量占进口总量的百分比。

资料来源：国际葡萄与葡萄酒组织 2016 年的报告。

大多数散装葡萄酒进口国往往会直接消费所进口的散装葡萄酒，法国却会将散装葡萄酒尤其是来自西班牙的散装葡萄酒进行再出口。根据法国农业、渔业与食品管理局（FranceAgriMer）的数据，法国80%以上的散装葡萄酒进口自西班牙。西班牙远远领先于意大利、澳大利亚、智利和南非，是散装葡萄酒的主要出口国。然而，法国很少以散装葡萄酒的形式出口葡萄酒。法国葡萄酒制造商利用其质量领先地位，更倾向于出口瓶装葡萄酒，以获取更多的附加值。

此外，法国的大部分散装葡萄酒生产受益于原产地命名保护。因此，其平均质量远高于没有特殊地理标识的散装葡萄酒。这意味着法国生产的散装葡萄酒从本质上来说是具有差异性（非同质）的，并非一般酒类消费品。同时，散装葡萄酒也不能与同质化质量的基础农产品混为一谈。基础农产品的定义只适用于部分散装葡萄酒，但不适用于所有葡萄酒。图4表示主要的散装葡萄酒出口国之间可能存在的平均价格差异。

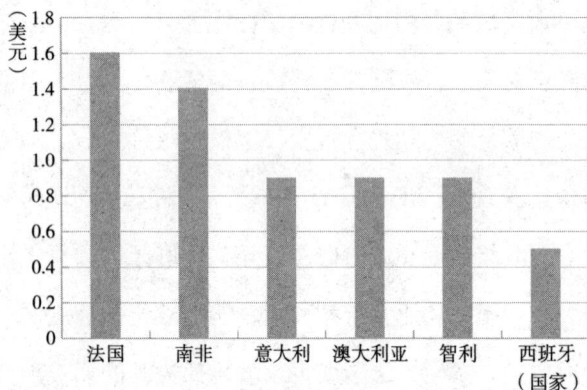

图 4　2014 年每升散装葡萄酒出口的平均价格

资料来源：UN – Comtrade。

3. 作为奢侈品的葡萄酒

在以价格为基础的葡萄酒细分市场中，与散装葡萄酒相对立的是奢侈葡萄酒。事实上，奢侈葡萄酒比散装葡萄酒更难定义。经济学和营销学的学术文献中提到了"奢侈"概念的复杂性，尤其是在葡萄酒领域（另见《国际葡萄酒商务研究》杂志 2016 年有关奢侈葡萄酒的专刊）。价格本身无法定义葡萄酒的奢侈程度。海内等人（Heine et al.，2016）则认为可以结合两个基本特征来定义"奢侈"：声誉和本真性。

声誉需要得到大多数人或者内行（那些拥有话语权的人）的认可。名酒必须是众所周知的酒，单纯凭借名字和价值便可以赢得人们的仰慕和赞叹。因此，名酒也必然是昂贵的，拥有名酒也就意味着拥有了声誉和价值。这也是大酒店和高级餐厅通常备有奢侈葡萄酒的原因——不仅仅是为了从中获得利润，更是为了从其声誉中获益。

贝沃兰德（Beverland，2006）认为本真性取决于六个特征：历史、品质、生产技术、风格、风土以及与其相适应的商业实践。这些因素相互交织、相互联系，罗曼尼·康帝就是典型的例子（见资料3）。

事实上，酒庄的历史与特殊的风土、葡萄酒风格有关。葡萄酒质量也同生产方法和技术密切相关。庄主在创新方面不断进行竞争——在葡萄园中使用无人驾驶飞机控制种植土地，或是在收获时使用光学分拣机逐粒挑选葡萄，商业举措必须与这种本真性联系在一起，不能带有夸耀或者咄咄逼人的成分。与此同时，利用俱乐部效应和葡萄酒的稀缺性，比如建立配额制是十分必要的（见资料3）。

"旧世界"的葡萄酒生产国因其久远的历史而具备先天的优势。对风土的探索和对技术的学习已经延续了几个世纪。法国拥有世界上种类最多的奢侈葡萄酒。但是，部分美国加利福尼亚州生产的葡萄酒（尤其是啸鹰酒庄和作品一号酒庄生产的葡萄酒）与澳大利亚生产的葡萄酒（尤其是奔富葛兰许）也具备了进入奢侈葡萄酒行列的实力。因为勃艮第和德国的摩泽尔地区的葡萄酒产量小，所以葡萄酒更为稀有。在《葡萄酒搜索者》杂志（*Wine Searcher*）（在该杂志中可以找到世界范围内几百万种葡萄酒的价格）及其网站提供的排名中，这两个地区生产的葡萄酒在世界最贵的五十瓶葡萄酒中位居前列（见表5）。

资料3 罗曼尼·康帝——顶级奢侈葡萄酒

勃艮第生产的罗曼尼·康帝是世界上最负盛名的葡萄酒之一。这种葡萄酒的质量符合了所有权威标准，是货真价实的奢侈葡萄酒。早在13世纪，该地区就以其卓越的地方特色而声名在外。1760年，康帝公爵在蓬巴杜夫人的拍卖会上买下了只有一公顷多一点的葡萄种植园，购买价格比周围的土地高出20倍。接下来的几个世纪中，酒庄不断改进技术并追求高品质，王子与其佃农的通信就证明了这一点。20世纪80年代，随着生物动力学的发展，为了"让风土体现在葡萄酒中"，酒庄转而使用生物动力法酿制葡萄酒，并确立了"即将凋零的玫瑰花瓣香气"的葡萄酒风格。然而，在产品形象上，官方的宣传并没有强调这几个不同方面。销售具有高度针对性，由严格配额制度所把控。购买者必须拥有酒庄授予的购买权。其目的是使葡萄酒保持"合理价格"，并且可以由业余爱好者享用。事实上，酒庄每年生产的5000~6000瓶葡萄酒最终可能卖到初始价格的10~20倍。

资料来源：2016年2月16日在波尔多葡萄与葡萄酒科学研究所（ISVV）举行的奥伯特·德维兰（罗曼尼·康帝酒庄的共同所有人和经理）会议。

葡萄酒产品的种类多样，既有 75cl（75 厘升）① 售价 50 分的散装葡萄酒，也有 75cl 售价几万欧元的奢侈葡萄酒。因此，葡萄酒的销售模式存在多样性。

表5　2016 年 9 月世界上最贵的 15 种葡萄酒的价格
（以美元为标准，每瓶葡萄酒 75cl）

单位：美元

排名	葡萄酒及原产地	平均价格	最高价格
1	罗曼尼·康帝特级园干红葡萄酒，法国，夜丘（Domaine de la Romanée-Conti Grand Cru，Côte de Nuits，France）	13664	90551
2	伊贡米勒沙兹堡雷司令逐粒枯萄精选干甜白葡萄酒，德国，摩泽尔（Egon Muller-Scharzhof Scharzhofberger Riesling Trocken-beerenauslese，Moselle，Allemagne）	8591	21867
3	乐桦酒庄慕西尼特级园干红葡萄酒，法国，夜丘（Domaine Leroy Musigny Grand Cru，Côte de Nuits，France）	6092	24987

---

① 法国葡萄酒的瓶身经常标注 75cl，cl 是单位厘升。75cl = 750ml（毫升）。

排名	葡萄酒及原产地	平均价格	最高价格
4	勒弗莱酒庄蒙哈榭特级园干白葡萄酒，法国，伯纳丘（Domaine Leflaive Montrachet Grand Cru，Côte de Beaune，France）	5886	16241
5	卢米酒庄慕西尼特级园干红葡萄酒，法国，夜丘（Domaine Georges & Christophe Roumier Musigny Grand Cru，Côte de Nuits，France）	5117	14569
6	普朗酒庄日晷园雷司令逐粒枯萄精选贵腐甜白葡萄酒，德国，摩泽尔（Joh. Jos. Prum Wehlener Sonnenuhr Riesling Trockenbeerenauslese，Moselle，Allemagne）	4782	9228
7	罗曼尼·康帝蒙哈榭特级园干白葡萄酒，法国，伯纳丘（Domaine de la Romanée-Conti Montrachet Grand Cru，Côte de Beaune，France）	4646	38820
8	乐桦酒庄香贝丹特级园干红葡萄酒，法国，夜丘（Domaine Leroy Chambertin Grand Cru，Côte de Nuits，France）	3524	22270
9	里格-贝拉酒庄罗曼尼特级园干红葡萄酒，法国，夜丘（Domaine du Comte Liger-Belair La Romanée Grand Cru，Côte de Nuits，France）	3000	5500

排名	葡萄酒及原产地	平均价格	最高价格
10	罗曼尼·康帝拉塔希园干红葡萄酒，法国，夜丘（Domaine de la Romanée-Conti La Tache Grand Cru Monopole，Côte de Nuits，France）	2898	17935
11	乐桦酒庄里奇堡特级园干红葡萄酒，法国，夜丘（Domaine Leroy Richebourg Grand Cru，Côte de Nuits，France）	2894	9786
12	啸鹰赤霞珠干红葡萄酒，美国，纳帕谷（Screaming Eagle Cabernet Sauvignon，Napa Valley，États-Unis）	2869	12633
13	科奇酒庄科尔登－查理曼特级园干白葡萄酒，法国，伯纳丘（Coche-Dury Corton-Charlemagne Grand Cru，Côte de Beaune，France）	2807	6682
14	柏图斯酒庄红葡萄酒，法国，波美侯（Petrus，Pomerol，France）	2649	50058
15	法维莱慕西尼园干红葡萄酒，法国，夜丘（Domaine Faiveley Musigny Grand Cru，Côte de Nuits，France）	2643	8248

注：本表根据2016年9月世界各地不同类型商家销售的500多万瓶葡萄酒的平均价格计算。价格提升的最大值列在最后一栏。

资料来源：www.wine-searcher.com/most-expensive-wines。

（四）葡萄酒的商业模式：价值创造的挑战

葡萄酒行业的经营模式因公司规模而异，也因地区而异。不同地区存在不同的商业文化，有时甚至在同一国家内部也是如此（比如香槟地区和波尔多地区），"新世界"葡萄酒产区和"旧世界"葡萄酒产区之间更是存在巨大差异。价值创造方式上存在两种明显差异：一是集中程度和开发的纵向一体化程度，二是品牌管理。

1. 集中和纵向一体化程度如何？

从纵向角度来看，从葡萄树到终端消费者喝到的葡萄酒，这一过程存在三个主要环节：葡萄种植、葡萄酒酿造以及销售，其中每一环节都包含价值的创造。根据竞争优势的属性，企业可以实施该过程中的某一步骤或者所有步骤（见表6）。后一种情况实现了垂直整合，企业可以获取所有步骤产生的附加值。混合形式的整合同样存在，特别是通过农业系统中常见的合作社等互惠机制。从经济角度来看，在科斯（Coase，1937）的开创性工作后，纵向一体化的程度主要由交易价格决定。通过对自制（faire）和外购（faire faire）的成本和收益的权衡，企业将确定其纵向一体化的最佳水平。

表6　葡萄酒领域不同形式的纵向一体化程度及特征

纵向一体化程度	特　　征
全面的纵向一体化	企业实现了三个步骤（葡萄种植、葡萄酒酿制和销售）的纵向一体化
上游整合	前两个阶段（葡萄种植和葡萄酒酿制）实现整合，葡萄酒的销售委托给第三方公司（贸易商、经纪人）
下游整合	后两个阶段（葡萄酒酿制和销售）实现整合。在现货市场根据年度或长期合同从供应商处购买葡萄
缺乏一体化	企业只实施了三个步骤中的一步，通常是葡萄种植（上游）或者是贸易商/经纪人（下游）

企业规模对成本要素而言意义重大。企业参与某项经济活动意味着一开始就要投入不菲（购买原料、土地等）。为获取规模效益，企业必须从事足够规模的经济活动。对那些旨在生产高质量产品的企业来说，对稀有高质量产品的追求也影响着垂直整合的程度，质量的信息不对称往往成为更高程度纵向一体化的驱动力。例如，为降低葡萄质量的不确定性，企业更倾向于自己生产葡萄（Fernández-Olmos et al.，2009）。同样，为控制葡萄酒的销售渠道，最佳方式是企业亲自参与销售，避免不良的渠道有损产品的形象。

然而，也存在许多反例。小型企业的纵向一体化程度可能很高，而追求高质量的公司纵向一体化程度可能很低。在欧洲，由于许多小生产者从前几代人那里继承传统营生，并且商业网络已经建立，起始资本（特别是土地）的需求也相对减少。这种企业本质上具备较高程度的一体化，但大量此类企业的存在又使该行业高度分散化。

当然，产区的历史和文化也会影响模式的选择，这种影响也可能成为产区的支配性经济逻辑。虽然将区域与特定业务模型进行严格关联不具备切实可行性，但有时可以观察到某些大型葡萄酒产区的独特性。例如，70%的波尔多产区的葡萄酒通过葡萄酒中介商进行销售。这是典型的上游整合案例。

　　下游整合形式更多地存在于"新世界"葡萄酒生产国，而非"旧世界"葡萄酒生产国特别是法国（除了香槟区）。在欧洲，种植葡萄的企业也往往生产葡萄酒，小规模家庭式酒庄占比很高（Montaigne et Coelho，2012）。在"新世界"国家，葡萄酒品牌更加成熟，产业也更为集中。在欧洲历史上，生产酒的企业就是销售酒的企业（Simpson，2011）。从一定程度上来说，企业购买葡萄可以对原料用量有更好的掌控。企业根据市场对瓶装葡萄酒数量的需求，决定葡萄的购买数量。若企业的竞争优势在于品牌发展和销售能力，那么，购买葡萄可以提供一种有益的灵活性，以便企业创造更多的附加值。

事实上，"新世界"国家的葡萄种植园的平均经营面积更大（Cafaggi et Iamiceli, 2010）：欧洲酒庄的葡萄园平均面积不到 10 公顷，而澳大利亚酒庄的葡萄园平均面积则超过 60 公顷。然而，这种面积差异往往源于"新世界"国家面积更大的农业用地。相对而言，欧洲的人口密度要高得多，城市用地不断挤占农业用地。因此，欧洲农场的规模往往有限，为了集中资源欧洲往往采取合作社形式（见第三部分），这种合作形式也成为集中化的替代办法。

集中化是目前葡萄酒行业的重要发展趋势，欧洲葡萄种植园的平均规模也在增加。最新的农业普查显示，农民的平均年龄正显著上升，继承问题变得至关重要。由于缺乏继承人，上一辈的产业往往会被卖给另一家酒庄。在平均价格非常高的地区，高遗产税在一定程度上带来更高程度的集中化。总而言之，行业的集中化有利于生产效率的提高。在土地平均价格更低的地方，继承则会导致葡萄园土地转为其他用途，尤其是在城市周边地区的葡萄园。

2. 如何宣介质量：宣介品牌还是原产地命名？

在生产过程的上游环节，企业对葡萄种植和酿造过程的严格把控，使消费者了解品牌对品质的承诺。从经济学角度讲，葡萄酒被认为是一种体验型产品（Darby et Karni，1973）。也就是说，这是一种只有在消费后才能知道品质好坏的产品。所以，通过包装来宣介葡萄酒质量十分关键。如果消费者在超市里不能甄别不同葡萄酒品质的高低，那么不同葡萄酒之间就是可以相互替代的，这时消费者将选择价格较便宜的葡萄酒。若葡萄酒生产商为提高质量投入大量资金，就会增加成本，进而导致产品价格较高。而与此同时，如果大众不能识别其葡萄酒的高品质，那么这些高质量的葡萄酒将面临被市场淘汰的命运。

在葡萄酒领域，两种重要的质量宣传方式共存并遵循两种截然不同的策略（Chambolle et Giraud-Héraud，2003）。一种方式是创立品牌，也就是创立可以被消费者识别的、公认的品牌，通过品牌可以即时传播相关信息，形成质量标志。品牌存在两个优势：其一是企业可掌控自身形象和声誉；其二是品牌带来的自由度：企业不需要遵照（例如原产地命名保护中的）最高产量，也无须生产强制性品种，且没有任何的技术限制。表 7 为 2014 年世界最知名的葡萄酒品牌。

表 7　2014 年世界最知名的葡萄酒品牌（按照销售量来排名）

排名	品牌名称	集团名称	国家	销售体量（百万箱）*
1	贝尔福特（Barefoot）	嘉露集团	美　国	18
2	嘉露（Gallo）	嘉露集团	美　国	14.5
3	干露（Concha y Toro）	干露集团	智　利	14.2
4	罗伯特·蒙大维（Robert Mondavi）	星座集团	美　国	12.1
5	舒特家族（Sutter Home）	曲雀罗家族	美　国	10.9
6	黄尾袋鼠（Yellow Tail）	柯思拉酒业	澳大利亚	10.5
7	哈迪（Hardy's）	美誉葡萄酒业	澳大利亚	9.4
8	利达民（Lindemans）	富邑集团	澳大利亚	8.1
9	贝灵哲（Beringer）	富邑集团	澳大利亚	7.2
10	杰卡斯（Jacob's Creek）	保乐力加	法　国	6.9

注：* 以 12 瓶（75cl）为一箱的百万箱为计量单位。

资料来源：The Drink Business。

品牌需要保持质量和口感的一致性。这就给企业带来了其他的技术要求，以保证质量的稳定性和不同年份所需的具体产量。实际上，产量和质量会随气候的变化而相应变化。品牌管理需要克服这些障碍。这也意味着企业时不时会从新的供应商手中购买葡萄并进行精细的葡萄酒酿造以降低年份之间的差异性。然而，品牌最大的缺点来自于商业投资的沉重负担。需要特别指出的是，创造世界知名葡萄酒品牌的成本高昂，只有大企业和财团才有财力负担这种支出。

　　相反，通过原产地命名保护的地理标识宣介产品质量存在不同的优势，这种方式所提供的葡萄酒声誉是集体性的。也就是说，宣传投资可以通过集体层面运作。相对于品牌运营来说，这种互助互惠的方式大大降低了产品质量宣传的成本，原产地命名保护发挥着伞状品牌的作用。当然，原产地命名保护也存在限制：从种植到酿造，企业需要遵守一系列的具体规定。如果使用原产地命名保护尚未认可的创新技术或者种植未被认可的葡萄品种，企业将失去冠以"原产地命名"出售葡萄酒的资格。企业必须降低其葡萄酒等级，在不带有地理标识的情况下出售葡萄酒。

除此之外，企业的形象也取决于原产地命名保护的形象。如果原产地命名保护的共同声誉较低，那么企业也很难成为声誉较高的企业，但是，也有例外。葡萄种植者如果掌握了提升自身声誉的技能，便可以将自身和"命名"整体推向更高的水准。马第宏产区就是一个例子，这个位于法国西南部的产区在阿兰·布鲁蒙（蒙图庄园和布斯卡斯庄园）的驱动下成就了自身的声誉。当然，这种发展方式也归功于集群组织（见第三部分），葡萄种植者和其所归属的"命名"之间存在相互依赖、利益紧密相关的关系。

事实上，在原产地命名保护中也存在搭便车的行为。部分企业贪图自身利益，最大限度地降低生产成本，导致产品质量下降，却受益于"原产地命名"称谓的集体声誉。原产地命名保护虽存在相关规则以限制该行为，却难以避免这种行为，尤其是在企业使用欺诈手段时。然而，经过葡萄酒工艺家的品鉴后，在质量和典型性方面不符合"原产地命名"称谓的葡萄酒将被禁止在瓶身标签上提及原产地命名保护。

品牌和原产地命名保护是创造和增加葡萄酒价值的两种可能方式，它们并非不可兼容。部分原因尤其是历史性原因可以解释为何在"新世界"和"旧世界"葡萄酒生产国家分别发展了不同的方式（Simpson，2011）。近来也出现了可以代表葡萄酒质量的其他指标，尤其是由第三方完成的评价。独立的品鉴专家通过媒体或者网络平台发布其评分，或者通过竞赛后的集体评分给出对葡萄酒的评价。然而，质量指标的增多有时可能起相反的效果。

实际上，评价指标的大量涌现及其复杂程度（2000 年，世界范围内已经存在 2000 种原产地命名保护）加大了消费者的信息甄别成本。信息甄别成本的上升可能促使理性消费者不再通过质量指标的相关性来获取信息（Swinnen et al.，2005）。

考虑到与品牌和原产地命名保护相关的两种评价体系的优点和限制，2000 年以来新旧世界出现了一定程度上的融合趋势。集群组织的集体性策略和原产地指标正在吸引着越来越多的"新世界"国家。智利就是很典型的代表，该国是 2010 年以来国际葡萄酒市场上表现最佳的国家之一。在"旧世界"国家，为了强化在国际市场上的竞争力，企业也开始实施品牌战略（除了那些著名品牌例如列级庄的葡萄酒品牌，这些酒庄的葡萄酒产量很小）。新的战略有助于向最终消费者传递更清晰的信号，一般而言消费者对法国葡萄酒瓶身的标签了解有限。

这种融合在一定程度上模糊了"新世界"和"旧世界"原有的二分法。以往，前者往往在大规模开发和经营的基础上创立知名品牌；而后者通过原产地命名保护，以有限规模经营保障葡萄酒质量和特征，通常以家庭为单位进行生产。目前，这种划分已经日渐模糊。

二 葡萄酒需求的决定因素

20世纪下半叶以来，世界葡萄酒消费的性质和强度都发生了天翻地覆的变化，以至于我们会问：是否兴起了一场真正的文化变革？葡萄酒是一种非常多元化的产品，其消费同样表现出多元性和复杂性。自20世纪中期以来，为了帮助消费者评价葡萄酒的质量并在如此庞大的市场中理清头绪，葡萄酒信息市场、规则市场以及互联网上的相关应用程序大规模涌现。这也表明了葡萄酒正焕发出新的吸引力。但与此同时，该领域面临的严峻挑战也使我们不禁思考：世界葡萄酒消费上升是否可能存在逆转趋势？

（一） 从葡萄酒文化到葡萄酒时尚？

无数著作和文章回顾了葡萄酒从史前至今的历史，论证了葡萄酒在欧洲的深远渊源（Johnson，2012），也揭示了全球葡萄酒消费的快速发展和扩张趋势。实际上，20世纪末以来，对葡萄酒消费群体的社会学研究发生了翻天覆地的变化。

1. 作为文化产品的葡萄酒

根据联合国教科文组织1970年颁布的《关于采取措施禁止并防止文化财产非法进出口和所有权非法转让的公约》第1条，文化财产主要指的是"宗教或世俗的，由每个国家认可对考古学、史前学、历史、文学、艺术和科学具有重要意义的产品"。事实上，在很多欧洲国家，葡萄酒深深扎根于国家的文化和遗产中。其中，西班牙就在2003年通过法律形式承认葡萄酒属于文化财产。联合国教科文组织将香槟产区酒窖、勃艮第风土（climats）以及莱芒湖畔的拉沃葡萄种植园等纳入文化遗产之列，同样释放了这种信号。马克斯认为葡萄酒是文化产品，因为它是人类（葡萄种植者）的作品，不但展现了种植者的创新性和风格，内嵌于历史和当地传统（原产地命名保护）中，而且具备收藏价值，其所具备的象征性价值超越了经济价值（Marks，2011）。

在古希腊，葡萄酒就与分享、宴饮交际和节日聚会等联系在一起。在古希腊文化里，酒神狄奥尼索斯也是音乐、舞蹈、戏剧和迷醉的神。这不禁提醒我们，葡萄酒之前也属于文化因素，与艺术紧密相关。同时，葡萄酒也有过宗教背景。天主教会在中世纪葡萄酒消费的发展过程中扮演重要的角色（Johnson，2012）。当时由修道士酿造的弥撒酒质量上乘，圣爱米隆的重新命名也与这段历史密切相关。

当今，葡萄酒继续传递着强烈价值，这是大多数饮品所无法比拟的。父亲将土地和种植知识传给儿子，确保葡萄酒文化代代相传，这也是消费者十分欣赏的特点。当然，这也催生了以故事为基础的市场营销手段。家庭和酒庄的历史在网络和种植园参观中大量传播，葡萄酒瓶身的标签更是如此（Mora et livat，2013）。标签传递的信息十分明确：消费葡萄酒也是消费葡萄酒的历史和文化，文化同葡萄酒紧密联系在一起。因此，葡萄酒的文化内涵成为其需求的基本决定因素。这也使该行业的差异化尤其是葡萄酒价格上的巨大差异具备了合理性（Beckert et al.，2016）。

过去，文化往往是精英阶层的专属，葡萄酒也不例外。但如今葡萄酒越来越大众化。像美食一样，对葡萄酒的学习往往需要掌握技术性很强的、非常复杂且有时又富有诗意的词汇。自2000年以来，这种情况有了新的发展。我们不仅可以看到越来越多的葡萄酒品鉴俱乐部、葡萄酒启蒙和品鉴课程，还可以看到生产商为吸引葡萄酒新手的大胆创举。葡萄酒神秘的身份逐渐对外公开。同时，作为文化性饮品的葡萄酒不仅面向精英阶层，而且对更多阶层开放（FranceAgriMer，2015）。这种发展趋势也与葡萄酒消费的社会学演变密切相关。

2. 葡萄酒的社会学演变

20 世纪 60 年代以来，社会发展使消费习惯发生改变，欧洲葡萄酒消费大幅度减少（Corbeau，2004）。欧洲消费者越来越倾向于休闲的、质量更高的消费而非以往大众、日常和相对低端的消费。与欧洲消费变化同步发生的，还有欧洲以外个人消费的惊人变化。20 世纪与 21 世纪之交，葡萄酒消费者的面貌很大程度上发生了变化（见表 8）。

根据法国农业、渔业与食品管理局 1980 年以来的人口跟踪调查，社会发展扩大了葡萄酒的消费阶层，越来越多的女性和青年人选择购买葡萄酒；同时，在法国，首次出现了不喝葡萄酒的人口比例下降的现象。但是，最明显的改变发生在此前葡萄酒消费乏力的国家中，这些国家见证了葡萄酒消费的真正演变。

表 8　世界葡萄酒消费者的社会学演变

特　征	20 世纪	21 世纪
与距离的联系	当地葡萄酒消费	世界范围的葡萄酒消费（葡萄酒产区内的消费者倾向于消费当地酒）
产地	欧洲	世界范围（主要包括美洲、中国、欧洲）
年龄	年长的	混合（但年龄大幅下降）
性别	男性	男性和女性
社会阶层	大众 – 精英（二分的消费）	混合的（有向高收入群体发展的倾向）
葡萄酒类型	大众消费一般葡萄酒。精英可以消费列级庄葡萄酒（但数量很少）	葡萄酒的级别和种类很多
消费频率	日常	偶尔（节日、朋友聚会时）
知识水平	外行或者专家	由于互联网发展（智能手机应用等），知识水平提升

3. 葡萄酒消费是世界性的文化变革吗？

由"旧世界"向"新世界"的转变是世界葡萄酒消费发展的真正亮点。图 5 显示了 1995～2015 年非欧洲国家对葡萄酒市场的引领程度。2005 年，欧洲以外国家的葡萄酒消费量已经超过欧洲国家。

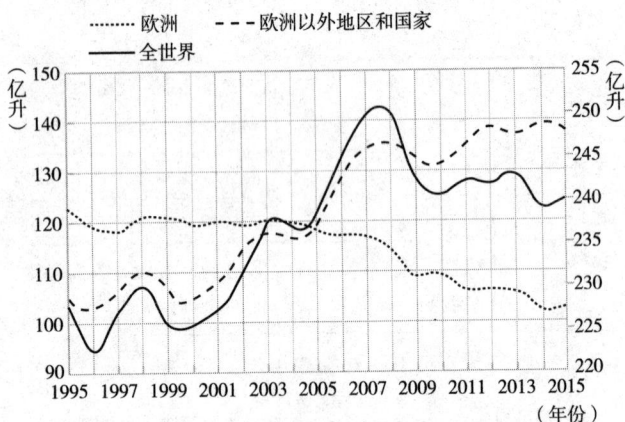

图 5　1995～2015 年世界各地区葡萄酒消费量

注：在欧洲，主要的葡萄酒消费国有：法国、意大利、德国、英国、西班牙、葡萄牙、荷兰、希腊。对欧洲及欧洲以外地区来说，葡萄酒消费以左边比例尺为准，而全世界葡萄酒消费量以右边比例尺为准。

资料来源：statistiques de l'OIV（www.oiv.int/fr/bases-de-donnees-et-statistiques）。

因此，商业性挑战主要出现在传统市场之外。鉴于欧洲和非欧洲消费者的认识和期待水平存在明显区别，生产者必须做出重要的战略调整。强势的品牌为适应新消费者的需求不得不做出改变。但是，欧洲以外的葡萄酒消费市场的增长对欧洲的葡萄种植者而言首先是一种巨大的机遇，他们可以以此重新激发市场活力。新兴葡萄酒消费国的市场远未饱和，人均葡萄酒消费率远低于欧洲国家。

图6显示了主要国家及其葡萄酒消费量的变化。2012年以来，美国取代法国成为世界上最大的葡萄酒消费国。2013年以来中国成为世界上最大的红葡萄酒消费国。1995年以来，欧洲国家中只有英国和德国保持了既有葡萄酒消费水平或者有所增长。其他欧洲国家尤其是意大利和西班牙的葡萄酒消费量明显下降。表9列出了15个最主要的葡萄酒消费国的葡萄酒消费量排名。

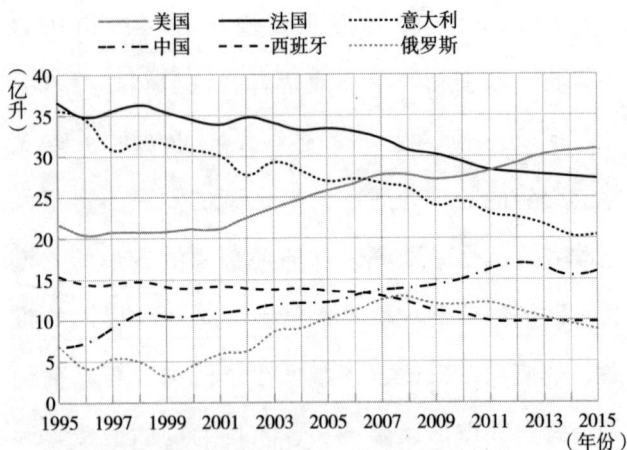

图 6　1995～2015 年部分国家的葡萄酒消费量

资料来源：statistiques de l'OIV（www. oiv. int/fr/bases-de-donnees-et-statistiques）。

表9　2013～2015 年主要葡萄酒消费国的葡萄酒消费量排名

单位：十万升

排　　名	国　　　家	2013～2015 年年均葡萄酒消费量
1	美　　国	30.7
2	法　　国	27.5
3	意 大 利	20.9
4	德　　国	20.4
5	中　　国	16.0
6	英　　国	12.7
7	阿 根 廷	10.2
8	西 班 牙	9.9

排　　名	国　　　家	2013～2015 年年均葡萄酒消费量
9	俄　罗　斯	9.6
10	澳大利亚	5.4
11	葡　萄　牙	4.8
12	南　　　非	4.0
13	罗马尼亚	4.4
14	荷　　　兰	3.4
15	希　　　腊	2.7

资料来源：l'OIV（www. oiv. int/fr/bases-de-donnees-et-statistiques）。

根据 2016 年法国农业、渔业与食品管理局的数据，葡萄酒质量的变化也同步出现，美国人和法国人对桃红葡萄酒的消费欲望不断增加。例如，2000年以来，普罗旺斯的桃红葡萄酒的消费势头惊人。相反，甜白葡萄酒的消费势头锐减。同时，中国的市场疲软对葡萄酒市场产生了重要影响。部分技术（葡萄酒中的亚硫酸盐含量超过 2010 年前官方允许的上限）和文化因素使中国对葡萄酒的消费呈现出明显的两极分化趋势。

葡萄酒在中国日益流行是世界葡萄酒文化变革的一大亮点。同时，国际葡萄与葡萄酒组织网站上的国家葡萄酒消费数据分析显示，美国人的消费心理和消费行为也在 2001~2015 年发生了变化。在巴西和墨西哥等国，葡萄酒至今仍非首要选择的饮品，但是随着年轻人逐渐成为中产阶级的主力，这些国家的葡萄酒消费量显著增长。这些趋势交织在一起，形成了我们所说的文化演变。同时，可以想见，在 21 世纪的第二个十年，葡萄酒消费市场会继续向亚洲和美国倾斜，甚至延展到非洲地区。

　　然而，21 世纪头十年葡萄酒消费的迅猛发展与第二个十年的停滞不前形成鲜明对比。一些新兴市场国家如巴西和俄罗斯的葡萄酒消费出现了衰减现象。中国的反腐败法也导致了该国葡萄酒消费的减少（2013 年，中国政府禁止了包括葡萄酒在内的公务礼赠）。消费者对该市场的认识越来越全面，越来越追求多样化和高性价比的葡萄酒，这些共同构成了 2012 年以来葡萄酒消费增速相对缓慢的原因。但这也是市场趋于成熟的信号，在中国市场上表现尤为明显，葡萄酒逐渐扎根于中国本土文化。换言之，葡萄酒消费经历了从狂热的流行风潮到理性的态度行为的真正转变，未来葡萄酒消费的波动性也随之降低。

欧美国家也出现了葡萄酒消费模式的革新。可以看出消费者对葡萄酒本真性的追求。这表现为成熟市场对自然酒（种植和酿造环节中都不使用化学物质）、生物动力葡萄酒（关注葡萄树的生长周期及其与周围环境的关系，且葡萄栽培不使用化学农药）和有机葡萄酒（以符合有机农业的有关标准种植和酿造的葡萄酒）等的追求。这种趋势将会持续吗？关于生态葡萄酒将在本部分的最后进行阐述。

（二） 质量的认知

葡萄酒作为消费性产品存在两个问题。第一个问题来自对产品质量的定义——这是一种具有明显主观性维度的产品，葡萄酒品质的高低取决于消费者的鉴赏力和喜好。在品质层面上对葡萄酒进行定义或者对其进行等级排序具有冒险性。更可取的办法是提出"品质的感知"这个概念。第二个问题在于葡萄酒是一种体验型产品（见第一部分），因此，消费者只有在品鉴葡萄酒之后才会了解其品质，从而决定是否购买。关于葡萄酒质量等级的信息存在不对称性，在消费量者购买前只有生产者知道葡萄酒质量的好坏，消费者需要向上游寻找相关信息。信息的来源渠道有哪些？消费者对哪些质量信息更为敏感？谁是葡萄酒推荐人？随着这些核心问题的出现，提供葡萄酒相关的补充信息的市场逐步得以建立。

1. 能够对葡萄酒质量进行定义吗？

对葡萄酒质量进行定义是一项具有挑战性的工作。科斯捷和马列特在 2004 年有关葡萄酒质量的著作中指出，应将商品所必须具备的一系列特征与商品特征的垂直差异性结合起来，定义葡萄酒质量（Costier et Marette，2004）。对一些产品来说，大多数的工业产品，其特征可以通过清晰、客观的方式加以识别，这涉及产品可量化的特征以及（或者）

标准化和合格化的生产过程。对另外一些产品来说，比如文化产品（电影、图书等），则需要将客观特征和主观特征相结合。吸引一位消费者的产品不必然取悦另一位消费者，产品垂直方向和水平方向的特征紧密交织在一起。葡萄酒便属于后一类产品。

从上述论证出发，葡萄酒质量可以通过两种方式来衡量（Charters et Pettigrew，2007）。第一种是通过了解生产过程对质量进行鉴别的传统方式。质量主要取决于葡萄的栽培方式（产量、收获技术、葡萄分选技术等）和酿造方式（发酵罐的类型、使用的设备、葡萄酒陈酿过程中所使用的容器类型等）。大型葡萄酒酒庄为了追求高品质，往往保持较低产出以便获得浓郁芳香的葡萄。同时，葡萄酒酒庄进行手工采摘避免葡萄受损，有些还使用光学分拣机，仅保存最好的果实，在设施完备且干净的酒窖（为了防止任何有害细菌的产生）和在全新的法国橡木（而不是美国的）大桶里进行葡萄酒酿造等。但是，诸多葡萄酒生产商运用相似甚至相同的技术手段。因此，单一地根据生产过程进行等级排序几乎是不可能的。

评判葡萄酒质量的第二种方式是品鉴。葡萄酒工艺学是研究葡萄酒的专门学科。葡萄酒工艺学家对葡萄酒的品鉴在于寻找其缺陷，或是为了将葡萄酒纳入原产地命名保护，或总结葡萄酒特征（在不同的水平维度上）。因此，从科学的意义上来说，葡萄酒品鉴不能建立严格的质量衡量标准。通过可以鉴别的分子特征，将具有一种或多种不同缺陷的葡萄酒与毫无缺陷的葡萄酒进行划分，可以将葡萄酒划分为优质酒和劣质酒。但是，从严格、客观的角度来说，等级划分是不存在的。

对于完美的葡萄酒，工艺学家只能针对它的价值做出评价，并且有权表达自身偏好。卡德拜和利瓦特认为，对于经常接触媒体的专家来说，他们的品鉴记录和分析将向消费者传递其喜好（Cardebat et Livat，2016）。同样地，消费者在品鉴葡萄酒的过程中也会表达其好恶。

葡萄酒工艺学家和消费者在品鉴葡萄酒的过程中也会受到外部因素的影响（Charters et Pettigrew，2007）。品鉴中的直接环境对葡萄酒品质的感知产生影响。因此，评论者数量以及他们对葡萄酒做出的评价会带来品鉴过程中的模仿行为。同时，环境也发挥着关键作用。在酒店、餐馆或者家里等不同环境中品尝葡萄酒，会有不同的体验，品鉴者对酒的品质会产生不同的理解。

最后，学习品酒类似于学习艺术鉴赏（Charters et Pettigrew，2005）。对葡萄酒的质量认知会随消费者的葡萄酒知识水平的不同而有所差异。受到认可的品酒师和新手对葡萄酒的品质会有不同的理解（Cox，2009）。更普遍意义上来说，年龄、性别、收入水平等个人特征也会对葡萄酒品质的鉴别产生影响。

葡萄酒质量的衡量标准是多维度和复杂的。与葡萄酒自身相关的内在因素和与环境相关的外在因素共同影响人们对葡萄酒质量的认知。人们对同一种葡萄酒的多元化理解也使市场细分更为复杂。消费者所看重的葡萄酒的品质可能在很大程度上不尽相同，并使第一部分论述的以价格为基础的市场细分复杂化。此时，生产商将通过相关指标来影响消费者在购买过程中对质量的认知。

2. 质量认知的主要指标

葡萄酒的酒标上往往标有针对消费者的相关信息，以显示葡萄酒的质量水平。研究者对撰写的大量市场营销文献论述了这些指标对消费者心理所产生的影响。研究结果显示，消费者对瓶身上的每一个细节都非常敏感。然而，与所有消费品一样，价格仍然是衡量质量的关键性指标。我们将仔细分析主要的质量指标及其对葡萄酒消费的影响。

酒标集中了大部分消费者认识葡萄酒质量水平所需的主要信息。除了法定的必要信息，如生产商名称、产地、灌装地点等，酒标上还有生产商可以自行选择展示的信息。背标（在瓶身后侧）通常可以描绘葡萄酒或者生产商的特征，减少信息的不对称。消费者非常看重这些信息，在购买之前可以通过酒标了解葡萄酒的主要信息：葡萄品种、采摘方式、风土类型、酿造方式（是否经橡木桶陈酿）以及有关口味的相关指标。消费者还可以看到葡萄酒与不同菜肴搭配的相关介绍。虽然酒标并非严格意义上的质量指标，但是市场营销的相关文献表明，这些信息通过减少信息不对称，增加了消费者的购买欲（Sáenz-Navajas et al.，2013）。表 10 总结了葡萄酒瓶身上对消费者质量认知产生影响的主要信息。

表 10　葡萄酒瓶身上对消费者的质量认知有影响的信息

指标	内　　容
名称/品牌	承载葡萄酒的声誉，可立即获得消费者认可；"城堡""葡萄园""酒庄"等术语也是质量的象征。其使用受到国际层面的管控和保护
所有者名称	对鉴赏家来说十分关键，尤其是在勃艮第这类产区，酒农的名字可能是最为重要的信息
产地	从原产国到原产的社区；在欧洲，原产地命名保护被认为是优质葡萄酒的标签
灌装地点	对于反欺诈来说十分重要，但目前已经不再是质量的关键指标

指标	内　　容
葡萄品种	在正标或者背标标明，告知葡萄酒的类型
年份	葡萄收获年份确定了酿酒的年份。对于品酒师来说是关键信息，因为不同地区、不同年份的葡萄酒质量是不同的
分级	主要针对原产地命名保护，根据葡萄酒的质量确定优先级。或者根据历史分级（有时会更新，如圣爱米利翁），或者根据生产过程分级（西班牙和南美多根据陈酿过程对葡萄酒进行分级，正如法国的干邑地区）。在法国，"地块（cru）"的概念占主导地位。这个词被消费者视为重要的质量指标
荣誉	为获取相关奖项，许多生产商将葡萄酒提交比赛。奖项通常以奖牌（金、银、铜）的形式发放，并被消费者视为重要的质量指标
多元化信息	包括配餐建议、适饮温度、风土、工艺学说明、特酿类型（往往标在正标上的有：特殊酿造技术，或向某人表示敬意的酿造）以及葡萄树树龄等
酒标类型	分为经典酒标（上面有哥特式字母、葡萄酒庄园的图画等）和现代酒标（设计摆脱原有规范）。对业余爱好者来说，经典酒标仍然是质量的主要指标。现代酒标打破了葡萄酒既有的风格，引起人们兴趣
酒瓶类型	经典或者特殊瓶型经常取决于原产地命名保护。波尔多酒型（狭窄、笔直）和勃艮第酒型（更矮、更圆、更宽）形成鲜明对比。也存在许多其他形式的酒瓶，例如酒瓶不同的玻璃密度、突起标识等。酒瓶本身也是重要的质量指标

一个关键的质量指标就是价格（Costier et Marette，2004）。在成熟的市场中，价格可以涵盖包括质量在内的所有信息。这是理解葡萄酒质量的核心要素，尤其是在消费者不知道如何确切理解其他指标的情况下（Gergaud et Livat，2007）。因此，可以干预定价策略并改变相关信息。

各类质量指标的整合应有助于减少生产商和消费者之间的信息不对称。然而质量的主观维度意味着这些指标不只是提供信息；它们不仅影响购买前消费者对质量的理解，而且也影响品尝过程中消费者对质量的认知。根据瓶身传递的不同信息，对质量的理解也会明显不同。无论从酿酒工艺、市场营销还是实验经济学层面，许多实验都在盲品过程中或用不含有葡萄酒信息的瓶子证实了这一结论（见资料4）。

资料4　信息在葡萄酒质量认知中的关键作用

实验经济学揭示了酒标的信息和价格对消费者质量认知的重要影响。实验更换了葡萄酒酒瓶中所装的葡萄酒。布罗克和莫洛特（Brochet et Morrot, 1999）在两种酒瓶中装满同一种波尔多中档葡萄酒：一种是餐酒（低档葡萄酒）酒瓶，另一种是列级庄葡萄酒（高档葡萄酒）酒瓶。这两种酒均由同一组57名酒类专业的学生在一周内间断性地进行品尝。结果显示，只有6名学生辨别出两瓶酒的相似性，其他人对餐酒的评价很低，而对列级庄葡萄酒的评价则较高，还有人在从未经橡木桶陈酿过的葡萄酒中品尝出木质味道。实验证明，相对于味觉分析，酒标主导了质量认知。

另一个引人注目的实验是由阿尔门伯和德雷伯（Almenber et Dreber, 2011）进行，实验对象是由135人组成的小组。实验者要在两种情况下（知悉或不知悉葡萄酒价格）对相同葡萄酒的品鉴，并给出0到100分的评鉴分数。实验选择了便宜的葡萄酒（5美元）和昂贵的葡萄酒（40美元）。结果表明，对于昂贵葡萄酒来说，价格对葡萄酒的评价有非常积极的影响，而对便宜葡萄酒的评价没有影响。由此可以看出，价格信息改变了人们对质量的看法。

3. 质量信息的关键性

宣介葡萄酒的质量对生产商而言是非常重要的挑战。在葡萄酒质量上的投入和投资必须保证葡萄酒能够以更高的价格进行销售。因此，生产商向消费者所传递的信息必须是真实可靠的。否则，葡萄酒市场很难达到最优的平衡状态，从理论上来说，随着优质生产商被挤出市场，市场可能陷入崩溃。这是诺贝尔奖得主乔治·阿克洛夫（George Akerlof，1970）在市场关闭的理论中所阐述的状况。该理论涉及的阿克洛夫机制源于消费者对质量水平的不确定。当他们怀疑真实的质量水平时，将不会选择购买价格较高的葡萄酒，转而选择价格较低的葡萄酒。这样一来，生产商在质量上的投资将无法得到回报，优质葡萄酒生产商将会消失。届时，市场的平衡将处于次优状态。

在葡萄酒市场中，质量指标的扩大化应该防止阿克洛夫机制的产生。种类繁多的信息可能会混淆消费者的视听。掌握分析每项质量信息的技能（对

AOP 和酿造年份等的了解）需要长时间的学习并付出很大的成本。消费者的行为受制于有限理性：在做出选择时他们会满足于参考数量有限的信息。因此，消费者往往选择价格这种易于理解的信息。正如资料 4 显示的，人们往往认为高价格和高品质有必然联系。只要这种想法支配着消费者的行为，阿克洛夫机制就难以发挥作用。但是，若价格作为质量信息失去其可信力，那么市场将会崩塌，届时只有少数消费者有能力充分理解瓶身显示的综合质量信息。

如果价格是质量的基本信息，那么生产商为了利益，将一贯地采用高价，而不管其产品质量的真实水平如何。这也是原产地命名保护所打击的地下行为，它为生产商设定苛刻的技术标准，防止出现上述状况。但是，在原产地命名保护之外，这种行为仍然存在。因此，消费者需要学习相关知识，以避免买到此类葡萄酒。从中长期来说，这种一味标高价的战略对生产商来说也是不可行的。

葡萄酒质量的不确定性也促使消费者通过专业杂

志或互联网向专业人士寻求信息。在葡萄酒市场不断发展的同时，葡萄酒信息的补充市场也正在发展。

（三） 现在和未来的推荐人

葡萄酒推荐人存在性质上的差异。葡萄酒推荐人可以是葡萄酒爱好者，也可以是广受认可、知名度高的葡萄酒鉴赏家，后者将葡萄酒品鉴作为职业。这些专家构成了葡萄酒相关信息的补充市场。这个市场的真正价值是什么？专家带来了什么？他们具备可信度吗？互联网会像改变餐饮业和酒店业那样彻底改变葡萄酒市场吗？这些问题的答案将对未来葡萄酒消费的发展产生重大影响。

1. 专家的角色：减少信息的不对称

专家的存在理由来源于葡萄酒的体验型产品的性质。从理论上来说，通过品尝和记录葡萄酒相关信息，葡萄酒专家消除了生产者和消费者在质量水平上的信息不对称。专家通常以品鉴笔记（或）评分的形式发表对葡萄酒的评价。

　　评分凝聚了专家提供的所有信息，使葡萄酒的分级和排序成为可能。酒评提供了专家所感知的更确定的信息如葡萄酒味道，通过葡萄酒一般意义上的特征来确定其独特性。这种评论涉及三个阶段的品尝：颜色（酒裙）、香气和口味。对于新手来说，专家所使用的词汇看起来富有诗意或令人好奇，但大部分词汇都出自一个精准完整的体系，这些词汇可用来描述葡萄酒地域或葡萄品种的特征。诗意的表现方式实际上隐藏了尖锐的技术性分析。

表 11　葡萄酒品鉴专家

专家类型	专家性质	发表类型	品鉴葡萄酒类型
明星：罗伯特·帕克（美国）、简西·罗宾逊（英国）、詹姆斯·萨克林（美国）、安东尼奥·加洛尼（意大利）等	专业、独立的葡萄酒评论家，在媒体界十分活跃，享有国际声誉	在网络和纸质媒体上，以不同的形式发布指南、新闻等	往往品鉴最负盛名的葡萄酒。集中在数量有限的区域

专家类型	专家性质	发表类型	品鉴葡萄酒类型
报纸、杂志：《葡萄酒观察家》（美国）、《葡萄酒爱好者》（美国）、《法国葡萄酒评论》（法国和中国）、《品醇客》（英国）等	由专业的评论型记者撰写，但他们的名字往往隐藏在报纸、杂志的名称背后	纸质媒体的出版物（往往有比较发达的网站），有时会出版年度指南	品尝范围较广，但往往集中在本土
指南：《吉尔伯特和盖拉德指南》《阿歇特指南》《贝丹·德梭指南》《帕克指南》等	由专业的评论型记者撰写，但他们的名字往往隐藏在指南名称的背后	纸质媒体出版物、网站。有时会有专门的期刊和著名评论家专刊	范围广泛，按区域系统地品鉴葡萄酒。大部分时间集中于某一个国家的葡萄酒产区
享有一定声誉的爱好者：博主	富有激情的葡萄酒爱好者	网上发布评论（博客），从自身品鉴经验出发进行评论	所有类型的葡萄酒（印象深刻的）或专注于特殊的葡萄酒（包括有机葡萄酒等）

专家类型	专家性质	发表类型	品鉴葡萄酒类型
竞赛：农业竞赛（在巴黎等国），由期刊（如《品醇客》等）组织的竞赛	专业或业余选手的比赛往往是盲品的	印制瓶身不干胶标签，内含重要信息（例如，奖项、圆形徽章等）	生产者送的葡萄酒样酒
匿名爱好者	既是业余爱好者又是消费者	在互联网发布评论，在专门的智能手机应用中发布酒评	所有类型的葡萄酒

显然，表 11 提到的专家的水平并非相同。但他们都给消费者提供信息并致力于减少信息的不对称，使人们了解新的葡萄酒产区、有才能的酿酒师等。知名的葡萄酒品鉴专家通常只关注数量有限的几个地区，而非品鉴某个国家的所有葡萄酒。他们一般只会品鉴最好的葡萄酒，这也是他

们有名气的重要原因。

在著名专家品鉴的知名葡萄酒中，波尔多列级庄生产的葡萄酒具有典型性。这种酒庄往往采取期酒销售的模式，也就是说在葡萄酒陈酿结束和正式上市之前进行售卖。每年4月初，此类葡萄酒酒庄都会邀请一些记者、知名专家、中介商和客户，这些群体对这种"未完成"的葡萄酒的独特的技术性品鉴往往十分感兴趣。在这种场合下，鉴于顾客无法品尝葡萄酒（除了极少数有特权的），专家给出的酒评对那些想购买期酒的顾客来说十分关键（后者大约一年半之后才会收到葡萄酒）。信息不对称在这种情况下十分明显，顾客需要对专家高度信任才能决定以极高的价格购买期酒。

最著名的专家往往专注于品鉴最有声望和最昂贵的葡萄酒。这些葡萄酒同时也是最具投机性的。因此，专家的酒评就显得比价格更重要，对购买者来说，投资不当引发的风险也大大提高。罗伯特·帕克（Robert Parker）给出的100/100分的评价经常导致葡萄酒价格上涨一倍甚至更多。有关生产商与专家因为经济利益相互串通的情况也引起一定的争议。这种情况一般发生在品鉴的时候，不管是否是盲品。除了争议之外，这类问题更普遍地反映了专家的信誉问题。

2. 专家的评价结果遭受质疑

鉴于品尝所固有的主观性以及品尝环境被证实的影响，专家的品鉴角色经常受到质疑。下面列出评价的四个方面。

最主要的批评涉及专家评价的可靠性。2005～2008 年霍奇森（Hodgson，2008，2009）在加利福尼亚州葡萄酒比赛中进行了几项实验。他指出，当评委会成员多次通过盲品方式品鉴同一种葡萄酒时，评委对其授予相同的葡萄酒奖项的案例只占 10%。另外，由不同评委会品尝的同一种葡萄酒并不能获得相同的奖励（或奖牌）。在统计意义上，在某个评委会中获得金牌的事实完全与在另一个评委会中获得金牌的事实无关。因此，可以说专家与专家之间缺乏共识。实验结果表明，同一专家在不同时间、所属不同专家组的情况下给出的评价并不一致。有关该问题的其他文章也对评价的可靠性和公正性提出了严肃质疑（Ashton，2011；Cardebat et al.，2014）。

学术文献提出的第二点涉及专家提供的信息及他们评判的有效性。阿什菲尔德（Ashenfelter，2008）通过葡萄生长和收获期间的天气来预测罗伯特·帕克的评价结果。单纯通过葡萄苗生长和葡萄成熟期间的天气变量，他便可以成功预测专家所使用的品酒词。如果仅通过天气等公共信息便可以预测专家的评价结果，那么专家所提供的信息就不具备有效性。至少可以说，信息不具备附加值。阿什菲尔德和琼斯（Ashenfelter et Jones，2013）对专家的批评没有就此止步。他们指出，在公共信息能够提高价格可预测性的情况下，专家评价是缺乏有效性的。如果专家的酒评是有效且披露所有公共和私人信息的，那么这些专家将是葡萄酒价格的最佳预测者。而在计量经济学回归中，补充性信息的增加是多余的。

专家的专业精神有时也会成为被批判的对象。在罗伯特·帕克建的网站——葡萄酒倡导家上，明确了一个准则，即"在条件允许"的情况下对葡萄酒进行盲品。罗伯特·帕克指出的许多例外情况强化了这一准则的模糊性。在这种情况下，怀疑酒评的公正性是合理的。为了证明某些专家工作过程中表现出来的轻率，罗宾·戈尔茨坦从零开始为米兰的一家假想餐厅——奥斯特里亚·恩皮建立了网站。他把酒单寄给美国著名杂志《葡萄酒鉴赏家》，希望能凭借所提供的高质量的葡萄酒而获奖。事实上，该杂志的确给这家不存在的餐厅颁发了一个奖项（Ashenfelter et al., 2008）。这意味着为获奖任何餐厅都可以发送任何酒单，而发生的酒单上的事同样也会发生在酒上。

最后一项批评更为主观，主要针对葡萄酒专家而言。从某种程度上来说，专家需要对口味的标准化趋势负责。这种批评尤其指向罗伯特·帕克。除了争议之外，我们对潜在的经济机制更感兴趣。罗伯特·帕克是明星般的评论家，人们经常用"领袖"这个词来形容他。阿里等人（Ali et al.，2008）甚至通过计量经济学印证，帕克是整个葡萄酒行业认可的最有影响力的专家。因此，如果取悦罗伯特·帕克可以使葡萄酒售价更高，那么为实现盈利，按照帕克的喜好酿造葡萄酒是完全具有合理性的。而如果所有生产商都以帕克的喜好生产葡萄酒，那么所有的葡萄酒将在本质上趋同。最终，没有人会因此受到责备，但市场上的葡萄酒品种将会减少，进而形成次优平衡。因此，"灯塔型专家"的存在可能带来问题。然而，随着罗伯特·帕克于 2014 年离职，这种名人制度不一定会持续下去。

3. 从领袖到极客？

在阿什顿（Ashton，2011）看来，多数评价要好于单个评价。换句话说，如果对葡萄酒的质量好坏存疑，最好听从一群人而非某个人的建议，即便后者是著名专家。这就是群众智慧与专家意见之间的选择。最负盛名的专家罗伯特·帕克的退出，提出了替代性选择的新问题。目前看来存在两个假设。

第一种假设是保持以有限专家为核心的现有组织模式（见表11）。如果我们从历史逻辑出发，那么最有影响力的专家往往来自主要的葡萄酒消费国。鉴于信息的主要需求来自消费者，所以这种判断是完全合理的。对消费者来说，本国专家具备相似的行为方式、价值或品味，他们所提供的评价往往更容易理解。因此，美国消费者更乐于接受美国的葡萄酒品鉴专家而非来自中国的专家。当然，相反的情况同样存在。随着中国成为世界最大的葡萄酒消费市场，未来的葡萄酒品鉴明星很可能来自中国或亚洲（Cardebat et Livat，2012）。李志延就是很好的例子，这位居住在中国香港的韩国裔美国人正受到越来越广泛的认可。

　　第二种假设涉及由明星专家主导的市场舆论体系的塌陷。众多专家的出现使市场更加碎片化。事实上，这些"专家"并非真正的专家，而只是通过专门应用程序在智能手机上表达自己观点的消费者。因此，群众的智慧即使不能取代新闻媒体和指南上的传统专家，也将起到补充作用。从酒店和餐饮行业发展的经验来看，这种假设是非常可能出现的。对于酒店业来说，少数应用程序（且不指出某个特定程序）已经在很大程度上取代了传统指南。大多数酒店都在其网站上展示了消费者对酒店设施和服务的评价。对与葡萄酒更为接近的美食学来说，专门性应用程序的出现同样改变了评价市场，消费者可以通过网络征求其他消费者的意见。

　　然而，那些在网上发表自己观点并与消费者联系的极客，能比传统的专家做出更好的评价吗？从本质上来说，答案是否定的。该群体没有受过训练，他们通过网络表达个人偏好，这些见解可能带有特殊性却没有涉及技术层面。他们甚至可以私底下与生产者相互串通。因此，这种评价只具备数量上的价值。但是需要多少这样的评价才能让大众信任呢？大众选择带来的另一个问题是模仿效应，进而导致消费集中在少数葡萄酒上。而传统专家正在努力拓展他们的视野，尤其是报纸和杂志，他们致力于发现新的葡萄酒。因此，群众的智慧是否有益尚待商榷。然而，消费者参与质量评价已经成为一种强劲趋势，我们需要在两种评价系统之间建立平衡。所以，目前仍不确定新形势的发展是否不再需要葡萄酒专家，但是极客和专家很可能在未来的市场中共存。

（四） 世界葡萄酒消费面临的威胁

什么因素有可能导致全球葡萄酒消费的下降呢？什么有可能阻碍欧洲以外国家葡萄酒消费的上升或

者说加速欧洲国家葡萄酒消费的下降呢？我们没有将主要的宏观经济原因（危机、战争、经济增长的急剧下滑或者收入急剧下跌等）纳入考量，所以分析并非追求详尽无疑。研究主要集中在两个具体原因：替代品的强劲崛起和社会环境问题。

1. 替代品会威胁葡萄酒消费的增长吗？

啤酒、烈酒以及美国的苹果酒都是葡萄酒消费的传统替代品。对酒精类饮品的不同消费主要由每个国家的历史和文化决定。因此，某些国家可能热衷于一种饮品，而其他国家则可能热衷于其他饮品。例如，南欧国家往往是葡萄酒消费国，盎格鲁－撒克逊国家则是啤酒消费国，而拉丁美洲和部分亚洲国家（尤其是中国）的消费者主要消费烈酒。然而，正如表 12 所示，酒精饮料消费模式趋同是大势所趋。1961 年，各个国家在这三类酒精类饮品的选择上很显然是有倾向性的。但是，到了 2005 年，这种特点就不再如此明显了。英国、西班牙和中国尤其出现了惊人的变化。这些数据显示了不同酒类之间可能存在替代性效应。在传统的葡萄酒消费国中，葡萄酒正逐渐被啤酒取代。而在传统的啤酒或烈酒消费国家中，葡萄酒也取代了一部分其他酒类的消费。

表 12 1961 年和 2005 年部分国家啤酒、葡萄酒和烈酒的消费量（占酒精总消费量的百分比）

单位：%

	1961 年			2005 年		
	啤酒	葡萄酒	烈酒	啤酒	葡萄酒	烈酒
美　　国	**47.05**	11.15	41.79	**52.71**	16.04	31.25
德　　国	**57.14**	17.32	25.54	**53.30**	26.99	19.71
英　　国	**80.95**	4.32	14.73	**45.35**	32.47	22.17
捷克共和国	**69.01**	19.05	11.94	**58.97**	16.15	24.88
比　利　时	**71.28**	15.06	13.67	**56.83**	36.75	6.42
法　　国	11.25	**74.41**	14.33	17.67	**62.28**	20.05
西　班　牙	11.04	**65.39**	23.58	**47.98**	38.11	13.91
希　　腊	6.86	**86.14**	7.00	24.20	**49.61**	26.18
俄　罗　斯	14.61	17.14	**68.26**	33.24	0.91	**62.66**
波　　兰	27.66	12.24	**60.10**	**55.65**	12.99	31.36
中　　国	1.52	0.00	**98.48**	36.06	3.61	**60.34**

注：粗体字表示总体酒精消费中最重要的酒精性饮料的消费量。该部分定义了某个国家"饮酒者"的特征：啤酒、葡萄酒或烈酒。

表 12 未显示出精酿啤酒消费的急剧上升趋势。这类啤酒起源于美国，对当地经济产生了切实影响。（见资料 5）然而，精酿啤酒远远没有限于美国，而是发展至非传统啤酒消费国如法国，并代表着全球范围内的一种强劲趋势。这些啤酒往往是小型啤酒厂（每年生产的啤酒少于 10 万升），或者是附属于特定场所（尤其是小酒馆、酒吧或餐厅等）的啤酒厂。

对葡萄酒消费的发展而言，为什么精酿啤酒比工业啤酒更具威胁？因为精酿啤酒表现出的特性从根本上来说与讲究风土的葡萄酒是相似的。同这些葡萄酒一样，精酿啤酒出自某特色地区——无论是一个地区，还是一个城市，甚至是布鲁克林（在纽约）的一个街区。针对多元的消费者群体来说，精酿啤酒和葡萄酒在概念上有很强的相似性。原产地便是成功的关键因素，而工业啤酒是缺乏这一因素的。这也是原产地命名保护葡萄酒的共同点。另外，精酿啤酒还存在历史概念，通常通过啤酒的名字或配方表现出来，新的生产方式重新激活了传统配方。手工和传统的视角也使这些啤酒更接近地方特色葡萄酒。同时，葡萄酒和啤酒呈现出极大的多样性，能够满足消费者对新奇事物的追求。

葡萄酒和啤酒的不同因素包括酒精含量、生产限制和价格。其中，价格因素对啤酒来说十分有利。在所有国家的商店都可以 10～15 美元（75 毫升）或更低的价格买到高端啤酒。而同样的价格只能买到中档葡萄酒。此外，啤酒的产量限制更少。啤酒可以全年生产，而葡萄酒每年只在葡萄收获之后生产一次，并且需要较长的生产周期，尤其是使用木桶进行陈酿时。最后，啤酒的酒精含量较低，这可以被视为优点，也可以被视为缺点。应该指出的是，许多精酿啤酒的酒精含量较高，最高可达 9 度，更接近葡萄酒的酒精含量。

　　1990年，美国有284家酿酒厂生产精酿啤酒。2005年生产精酿啤酒的酿酒厂增至1447家，2015年激增至4269家。如今美国市场上精酿啤酒的销售额大幅增长至总销售额的12.2%。2015年，全球酒类市场处于停滞状态（下跌0.2%），而精酿啤酒销量上涨了12.8%。上述由独立酿酒商协会提供的统计数据揭示了美国人对精酿啤酒的狂热。精酿啤酒酿酒厂摆脱了传统的工业规范，多为小规模、独立的酿酒厂（不依附于大企业和集团），使用传统生产方式，并不断开发新口味、寻求多样性。同时，精酿啤酒具有强烈的地方认同。这种小型酿酒厂甚至可以带动整个地区的经济发展，美国发展公司Camoin Associates列举的许多例子就证明了这一点。

　　可以理解的是，精酿啤酒抓住了特色葡萄酒的精髓：本真性。两种酒迎合消费者期待的手段十分类似，精酿啤酒已经成为葡萄酒的强大竞争对手。根据寡头垄断行为理论，葡萄酒生产商可以通过降低酒精含量，应对精酿啤酒带来的挑战。英国嘉露（Gallo）品牌便采取了这种战略，该公司销售5.5

度的葡萄酒，而这正是大多数啤酒的酒精含量。这种行为加剧了精酿啤酒和葡萄酒之间的竞争，价格可能成为竞争中决定消费者选择的重要因素。精酿啤酒较低的生产成本似乎是决定性的竞争优势。因此，精酿啤酒对葡萄酒的替代性问题至关重要，对接下来几年的葡萄酒市场的走向有重要影响。

2. 社会环境问题的兴起

社会环境问题是如何影响全球葡萄酒的消费呢？达米科等人认为，对一般性食品行业尤其是葡萄酒行业来说，消费者对这类问题的期望特别是与自身健康有关的期望都有所变化（Janssen et Hamm，2012；Corsi et Strøm，2013；D'Amico et al.，2016）。葡萄酒消费量下降的主要原因是酒精对健康的影响和葡萄酒中的有害物质（特别是亚硫酸盐和农药）。此外，消费者对环保的重视对葡萄酒消费起了关键影响。这些问题在不同程度上对葡萄酒的长期消费形成挑战，或者至少严重损害了某些产区的形象。

世界卫生组织几十年来一直与葡萄酒及其他烈酒的消费做斗争，指出了与酒精消费直接和间接相关的所有病症，以及事故、暴力导致的所有社会问题。在许多国家，为解决公共健康问题，政府实施酒精限制的相关立法，而这种限制的加剧可能导致葡萄酒消费的显著下降。然而，自 1992 年谢尔盖·雷纳德（Serge Renaud）提出"法国悖论"以来，葡萄酒有了不同于其他酒精饮料的独特形象。"法国悖论"表明，饮用葡萄酒有助于降低人们患心血管疾病的风险。事实上，有关消费者健康调查显示，与啤酒和烈酒相比，葡萄酒有更好的口碑（Chang et al.，2016）。

表 13　生态葡萄酒的主要类型

生态葡萄酒种类	生产性质
有机葡萄酒	葡萄是有机的。这意味着葡萄园中至少 95% 的资源投入必须是有机的（不是化学的或合成的）。酿酒过程不受限制①，化学物质（硫、合成酵母等）的使用是被允许的。在法国，这种类型的葡萄酒以 AB 标签表示

①　实际上，从 2010 年起有机葡萄酒的酿酒环节受到很多限制。——审校者注

91

生态葡萄酒种类	生产性质
生物动力葡萄酒	来源于20世纪20年代的科学家、哲学家鲁道夫·施泰纳（Rudolf Steiner）的研究成果，提倡使用生物动力方法，有利于生物多样性，并禁止所有化学物质的使用。种植工作必须符合天体和自然的运转规律。这种规定既涉及葡萄的种植，也会延伸到酿酒阶段。作为世界性的协会，Demeter自1928年以来一直在推广这种生物动力方法。自1982年以来生物动力学方法的有效性得到证实。其他认证机构同样存在
自然酒	禁止从葡萄种植到酿酒整个过程中的化学投入。整个生产过程必须保持纯天然。发酵过程中只允许使用本地酵母。尽管存在生产者协会，但实际上并没有出现权威的认证机构

另外，使用化学物质（包括对人体有害的物质）的生产方式损害了葡萄酒的形象。对于部分关注自身健康的消费者来说，相较于酒精，葡萄酒中的化学物质更不利于葡萄酒销售。其中，两种化学物质（酿酒过程中使用的亚硫酸盐和葡萄成熟阶段使用的杀虫剂），引发了关于公共卫生问题的争论。

葡萄酒中添加的亚硫酸盐可以避免氧化，从而使其具有更好的稳定性。昌等人和科斯塔尼戈等人指出，事实显示，不添加亚硫酸盐的葡萄酒很难保存。然而，生产商必须在瓶身标签上标示亚硫酸盐的存在，尤其需要说明亚硫酸盐有可能导致头痛。几项调查显示，鉴于人在饮用葡萄酒后时常会感觉头痛，所以消费者经常将亚硫酸盐与头痛联系在一起（Chang et al.，2016；Costanigro et al.，2014）。那么，标签上提及亚硫酸盐是否有可能减少葡萄酒的长期消费呢？答案无疑是否定的。因为调查还表明，消费者购买无亚硫酸盐葡萄酒的意愿是积极的——根据科斯唐尼格鲁等人（Costanigro et al.，2014）的说法，相对于购买含亚硫酸盐的葡萄酒，消费者愿意每瓶多支付 1.23美元购买不含亚硫酸盐的葡萄酒，但具体情况仍受到价格或质量指标（原产地命名保护等）的影响。

更普遍地说，消费者购买有机葡萄酒的意愿是模糊且有限的。这种意愿实际上因人而异（见资料 6），有机标准在购买时往往只是次要考虑因素。对于消费者来说，想要在目前存在的环境认证标准中理清头绪并非易事。资料6显示了与有机葡萄酒相关联的主要生产方法。"有机"这一术语存在多种可能的含义，国际层面甚至国家层面都存在多种认证标准。

因此，我们在有机方面面临与质量认知同样的问题。各种指标的激增对消费者获取有效信息而言并非有利，消费者为理解指标需要付出过高的信息成本。消费者往往不能确定标有"有机"标签的葡萄酒是否真正具有有机性质，标签本身没有提供明确的保证，因此，他们将拒绝为这个标签支付多余的费用。与此同时，有机葡萄酒的生产成本较高、产量较低，如果销售价格没有随之增加，有机葡萄酒生产商最终将被挤出市场。因此，如果消费市场上出现信息不对称，阿克洛夫（Akerlof，1970）的市场关闭机制将发挥作用。德尔马斯和格兰特（Delmas et Grant，2014）的研究很好地解释和说明了葡萄酒领域中该机制的作用。德尔马斯和雷赛姆（Delmas et Lessem，2015）认为，有机认证甚至可能被认为是质量低劣的标志。他们的工作表明，部分有机葡萄酒的酿酒商往往选择不提供有机标签，以避免含糊不清，导致最终发出质量低劣的信号。然而，这些葡萄酒并不比其他葡萄酒差。相反，根据德尔马斯等人（Delmas et al.，2016）针对1998～2009年加利福尼亚州约75000种葡萄酒的研究，专家认为有机葡萄酒的平均评级要高于其他葡萄酒。

然而，葡萄种植者面临的主要挑战是控制病害的化学制剂。密集使用杀虫剂会在三个层面上引起公共健康问题：最易受影响的酿酒商本身、居住在受污染土地附近的居民以及饮用有农药残留葡萄酒的消费者。世界卫生组织和法国国家卫生和医学研究所（Inserm）发表了关于这些化学品对人类的有害影响的若干研究报告。两个组织的报告显示，成人疾病和胎儿及幼儿的发育问题均可归因于杀虫剂。虽然难以找到诱发这些疾病的确切原因，但关于农药的影响一直存在争议。葡萄种植者正在进行试验，对此进行研究。

资料6 购买有机葡萄酒的意愿

消费者愿意为有机葡萄酒支付更多的钱吗？不同学术研究在这个问题上的结论略有差异。一般来说，针对有机葡萄酒和传统葡萄酒对比选择的研究表明，消费者愿意为有机葡萄酒支付溢价。研究表示，这种溢价随研究［有时会很高，例如根据奥格贝德等人（Ogbeide et al., 2015）的研究，溢价比重为23%）］和消费者的特点不同而有所变化。关注环境问题的群体对有机葡萄酒更感兴趣，因此愿意为此支付更多的钱。效用估价研究评估了消费者所赋予葡萄酒每种特征的权重，结果表明，有机属性在价格中起着积极作用，但并不是最重要的（Corsi et Strøm, 2013），品质特性（原产地命名保护、生产年份等）具有更显著的影响。最后，根据针对消费者的调查，过多的认证标识易导致消费者迷失方向，无法正确解读标识内容。因此，由于可能与低品质相联系，认证标识可能会对价格产生负面影响（Delmas et Grant, 2014；Ginon et al., 2014）。

从经济学角度来看，无论是否成形，消费者信念的改变将对葡萄酒行业的发展产生重要影响。同涉及其他食品部门的健康危机一样,如果消费者对葡萄酒失去信心,市场将发生重大逆转。肉类行业就是遭受信心危机的典型例子。法国国家统计和经济研究所（Insee）的一项研究表明,20世纪80年代以来,危机后消费的短期崩溃导致了肉类消费量下降趋势的长期趋势（Insee,2007）。

在健康问题越来越受关注的情况下,葡萄酒行业很难独善其身。农药问题在世界范围的部分葡萄酒产区变得越来越敏感,尤其是当葡萄种植园紧邻城市居住区时。显然,公共卫生问题有可能在短期或中期危及整个行业的稳定,并对葡萄酒消费构成真正的威胁。

因此,从长期来看,生态葡萄酒的形象可以向积极方向转变并成为葡萄酒行业农药问题的突破口。为了适应农药使用的媒介化,生产商可以开发生态葡萄酒并保护环境与消费者健康。因此,生态葡萄酒生产者的目标是提供可靠、可信、清晰同时易于消费者理解的质量信息。

三　葡萄酒市场及其组织架构

正如前两部分所述，葡萄酒的供需正在发生深刻变化。这些变化对市场的组织及其国际化产生了重要影响。面对这些新的挑战，我们是否应该重新思考葡萄酒行业的组织方式？葡萄酒市场呈现碎片化的特点，不同地区存在不同的组织模式，有的模式成功了，而有的模式失败了，这是不可避免的。在这个已经高度规则化的行业中，仍然可以加强公共干预。但挑战主要来自市场，特别是国际市场：葡萄酒市场的全球化带来了新的竞争，提高竞争力成为葡萄酒生产商必须做的事。为此，我们必须区分赢家和输家，了解葡萄酒生产的推动力和国际战略，特别是海外投资战略。

（一） 市场的组织模式

葡萄酒市场没有单一的组织模式，对一个国家或者同类国家来说也不存在属于自己的国家模式。不同的组织模式可以在多个区域间或者在同一区域内共存，也就是说葡萄酒行业不同因素之间存在着联系。我们首先将具体说明生产过程的概念，之后会谈到我们感兴趣的市场组织和未来挑战。

1. 生产过程的概念和结构中的行为者

生产过程由一系列行为要素构成，它们为最终产品的完成及产品流向消费者而相互协调。我们可以从上游到下游的产品开发过程对其进行分析。如第一部分所述，三个重要环节可以是互相独立的。这三个 V 环节是：种植葡萄（vigne）的阶段、酿造葡萄酒（vin）的阶段以及将葡萄酒销售给最终消费者的销售（vente）阶段。同时，生产过程中存在中介机构，某些地区的中介机构甚至非常强大，它们将葡萄酒的生产与最终的销售渠道联系起来。

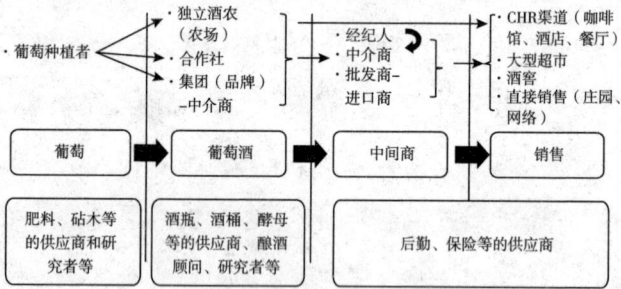

图 7　葡萄酒产业链

图 7 概述了遵循上述逻辑的葡萄酒产业链，阐明了从生产葡萄到销售葡萄酒整个过程的主要周期。从图 7 的每个步骤可以得知利益相关者。箭头表示它们与流程下游阶段参与者之间的联系。图的底部是生产－销售周期所需的功能支持的相关例子，涉及过程完成中所需货物和中间服务的整体供应情况。

一方面，行为者的组织方式可能因地区的不同而表现出明显差异。另一方面，所有生产地区的行为者又具有共性，参与了生产－销售过程。首先，从家族企业到大型酿酒厂，不管规模如何，都有葡萄种植者。葡萄随后被酿造成葡萄酒，这一过程可能是在同一家企业内进行的，欧洲大多数情况是这样的：酒农既种葡萄也酿酒，或者酿酒由其他企业完成。事实上，葡萄可以出售给酒农、种植户所属的合作酿酒厂或以自身品牌从事酿酒和营销的公司。

酿造过程结束后，葡萄酒可以通过各种分销渠道直接销售给最终消费者，包括通过酒庄商店卖给参观者，或通过网络销售。但在许多地区，特别是在法国，中间商在葡萄酒的最终分销渠道中发挥了关键作用。他们可以是批发商、进口商，甚至是更上游的中介商。后者通过经纪人购买葡萄酒，经纪人通过定期监督生产商来确保所购买葡萄酒的质量。这在很大程度上降低了质量的不确定性。经纪人必须对葡萄酒流通数量和质量批次足够了解，中介商可以随时联系经纪人，获取有关信息和帮助。正如 20 世纪 80 年代以前股票市场的股票交易经纪人一样,他们扮演着"市场运作者"的角色。经纪人在任何情况下都不会直接出售葡萄酒,仅仅保证交易的顺利进行,促进生产商和中介商之间的交流。

各种分销渠道的相对权重因国家而异,但零售往往是葡萄酒销售的主要渠道。当然,这也取决于消费水平。在人口消费水平较低的国家,CHR 渠道(咖啡馆、旅馆、餐馆)可能占多数,这也通常是继零售之后最重要的销售渠道。近年来,在葡萄酒旅游业和互联网销售量迅猛增长的双重刺激下,直接销售迅速发展。

2. 市场组织的关键变量

生产过程的组织模式存在两个决定性变量:纵向一体化程度和横向合作程度。然而,处于价值链不同位置的行为者之间也可能采取其他合作模式,这些专门的合作模式类似于集群。

纵向一体化的程度。纵向一体化可以是整体一体化，也可以是部分一体化（见第一部分表6）。一般来说，能够全程参与生产 – 销售各个阶段的集团很少。其中，卡思黛乐（Castel）集团是法国纵向一体化领域的领头羊。这个波尔多集团的外部发展促进了其上下游的一体化，集团在不同地区拥有数个葡萄园，并拥有尼古拉葡萄酒专营店。这种程度的集成使其可以完全控制价值链，并在生产 – 销售过程的每个阶段获取附加值。

然而，纵向一体化的主要矢量位于分配过程的上游。目前存在两种逻辑。第一种是技术性逻辑，与葡萄（种植）和葡萄酒（酿造）的相关阶段高度结合，目标是掌握葡萄酒生产的技术链。欧洲国家往往采取这种模式。原产地命名保护的严苛标准纳入与这两个方面有关的因素并对其进行整合，避免了科斯（Coase）理论中讨论的协调 – 交易成本。可以说，这种集成逻辑关系到产品本身。

第二种是整合逻辑，它更多地涉及商业维度。

它源于商业品牌向葡萄酒生产上游整合的逻辑，目的是确保供应。通过使用不同产地的葡萄对酿酒过程进行均质处理，从而保证大量葡萄酒质量更加稳定。著名葡萄酒品牌的大型公司购买来自不同产地的葡萄和果汁，但保证以传统方式酿造葡萄酒。这种模式在"新世界"国家中更普遍，这些国家的葡萄酒生产商往往不受原产地命名保护中精确规范的约束。然而，要避免过于简单、武断地将这种组织模式与大型产区联系起来，这是具有误导性的。我们必须对这种说法保持谨慎。

横向合作的程度。从属于生产过程同一阶段的行为者可以进行不同程度的合作。在原产地命名保护中，这种合作涉及一系列标准的建立（由国家授权的官方机构进行管理），例如决定某年份的最高产量和其他技术标准。但是，这种合作远不只是生产任务上的协调和沟通。合作社就是更高程度合作的典型例子。参与合作的行为者涉及相关的生产商以及对收获的葡萄进行加工的酿酒师，而整个酿酒的过程有时与市场营销过程是相互影响的。以这种方式组建的实体自然要依靠面向中间商（尤其是中介商）的市场。

无论是在"新世界"国家还是"旧世界"国家，酿酒合作社无处不在。自二战以来，这种形式在欧洲国家十分普遍。在西班牙、意大利、希腊或葡萄牙以及朗格多克这样的法国葡萄酒产区，酿酒合作社的葡萄酒产量占葡萄酒总产量的一半以上（Montaigne et Coelho, 2012）。它们也是下游整合逻辑的一部分，其理念是通过直接营销产品获取与品牌创建相关的附加值。这与酒窖中葡萄酒质量的提高是同步进行的。长期以来，酒窖一直受到走私问题的困扰（Pennerstorfer et Weiss, 2012）：如何促使参与方以预定价格提供优质葡萄？目前，合同中存在不同的条款和价格水平，这在一定程度上有利于抵销上述限制，并使酿酒合作社生产的葡萄酒的质量更佳，甚至与独立酒农生产的葡萄酒的质量接近。但是，在推销自己的葡萄酒时，他们可以与传统客户（尤其是批发商）竞争。当然，他们也因此冒着在分销商面前削弱上游参与者讨价还价能力的风险。

集群。横向合作机制以集群的形式发展，这种方式相对于酿酒合作社而言更为非正式。集群是指竞争企业和（或）互补企业在明确界定的地理区域内，为提高集体竞争力而开展合作的一种形式。集群的概念主要参照马歇尔产业区理论和新地理经济学的发展（Krugman，1991）。根据这些研究，位于同一地区、同一部门的公司在创新营销、劳动力、设备共享等方面可以从集群合作中受益。除了这些外部因素之外，还可以执行集体战略。智利葡萄酒业的发展就是典型例子，该国的企业建立在企业和公共部门高度合作的基础上（见资料7）。总的来说，"新世界"国家倾向于采用集群的方式，在这些国家中，合作的规则和模式并非一成不变。相反，"旧世界"国家多采用原产地命名保护，这相对更为严格也更规范。

资料 7 葡萄酒行业集群的出现

葡萄酒行业非常适合集群的自然构成，企业往往聚集在同一个生产区（同一风土），地理上的相互接近有利于这些企业交换思路从而刺激创新，同时促进竞争，进而有利于生产力的增长。最后，集群降低了与上下游公司的交易成本，提高了价格竞争力。从这个角度来看，大多数葡萄园都可以看作一个个集群。但是，某些集群的特殊性和成功之处在于公司之间的战略合作。相关研究对此进行了论证，除接近性之外，还存在以下几点关键成功因素。

葡萄酒行业相对集中，难以协调数百家公司。表现最好的集群往往由数量相对较少的公司构成。于是，推动新增长战略的领导人是成功的首要要素。基础设施（如道路等）和服务（如培训中心等）的公共支持也非常重要。但是，公共部门的作用不限于此，政府可以通过开放新的市场促进葡萄酒的出口。例如，智利政府积极签署双边贸易协定，为其葡萄酒出口商打开新市场。最后，商业和集体营销战略的实施可以向外国市场，特别向不具备原产地命名保护的盎格鲁－撒克逊市场传递清晰、有效的信息。在商业表现良好的集群中，以上因素或多或少地发挥了作用。具体而言，这也是在加利福尼亚州（Porter，1998）、澳大利亚（Aylward，2004）、新西兰（Dana et Granata，2013）和智利所发生的历史状况，智利的空加瓜谷经常被认为是集群成功的典型例子（Giuliani，2013；Bastías et al.，2014）。

（二） 未来市场组织的关键和挑战

市场组织在一定程度上影响行业的表现。"新世界"国家的市场组织主要以竞争力、增长和出口业绩为目标。而"旧世界"的组织主要应对传统的质量管理问题和当地消费下降所带来的生产过剩问题。但是，所有的组织模式都将面临未来新的挑战并为新组织模式的出现打开通道。目前，政府的作用已经十分明显，未来将与这些变化一起产生新的影响。

1. 传统问题始终重要

实现质量控制是原产地命名保护出现的主要原因。行业内创建了严格的酒类控制规范。为了避免葡萄产地欺诈现象，也为增加产量，在原产地命名保护中，众多产品共同使用的区域名称往往比生产商的名称多得多，"搭便车"的风险仍然很高。这就解释了为什么在原产地命名保护占主导地位的地区，葡萄酒市场的组织模式仍以尊重共同规则为目标。这也证明了经纪人存在的合理性，特别是在法国模式下，经纪人负责检查葡萄酒的质量。同时，交易登记集中化也避免就价格达成任何非法协议。

市场组织的另一个传统问题是如何避免出现生产过剩危机，这一点对欧洲来说尤为重要。市场的碎片化和生产过程的不协调会推动公司为增加收益而增加产量，这种做法在个人层面上是合理的，但从行业层面上看易导致生产过剩，特别是在当地市场需求趋于下降的情况下，将带来价格暴跌。即使外部市场的增长缓解了这一状况，欧洲国家仍然需要管控供应的市场组织。同样，限制产量既是原产地命名保护需要发挥的作用，也是政府需要发挥的作用。后者通过发放除根奖金或种植权来管理种植面积（见下一点）。在欧洲，葡萄酒共同市场组织（CMO）在共同农业政策（CAP）范围内界定了这一系列权利，导致了 20 世纪 80 年代以来葡萄种植面积的下降。

显然，这些挑战将影响所有国家，而不仅仅是"旧世界"国家。质量问题尤其普遍，所有的市场组织模式都必须对质量问题做出反应。然而，"新世界"国家在应对挑战方面受到的限制更少，这些国家往往鼓励集群环境下的创新，精力更集中于主要品牌，并在国外市场开展更积极的营销。

大多数国家正逐步接受一个想法：区域的市场组织模式应该同时能够促进国际层面的竞争力。特别是，许多地区的市场行为者们正组织起来，实施明确的集体营销方法，共同推广该地区的葡萄酒。2010 年初以来，西班牙里奥哈（Rioja）葡萄酒通过其旗舰品种丹魄（Tempranillo）开展的促销活动获得了巨大成功。这一政策由带头公司和行业协会推动，使里奥哈品牌获得了价值，并在目标市场推动其产品的销售（Brémond，2014）。

2. 新挑战

全球范围内正在出现两大新挑战：全球性的产业可持续性问题和更为技术性的价格变动问题。当然，某些区域还面临着其他挑战，未来将会带来新的问题。

可持续性国际标准的挑战。葡萄酒行业的可持续性存在两个问题。第一个问题涉及消费者的期待。正如我们在第二部分中提到的那样，消费者在生产商标注的众多标签和生产方法中很难理清头绪，但他们仍保有一定的期望。生产者面临的风险是消费者的流失。因此，由于葡萄酒的跨国交易频繁，探索所有国家消费者都可以理解的国际标准成为重要挑战。其他行业已经有了这种实践，如林业部门。这需要在全球范围内开展重要的协调与合作工作，工作可以在国际葡萄与葡萄酒组织或者与国际标准组织（ISO）的标准化机构的共同支持下展开。到2020年，葡萄酒行业的可持续发展特性很可能会成为竞争优势的重要矢量。因此，希尔默等人指出智利正努力建立减少化学添加剂的自然葡萄酒形象并加强与盎格鲁－撒克逊市场在这方面的沟通（Schirmer et al., 2013）。新西兰或南非政府则执行可持续发展认证政策，要求该行业的公司采用环境认证。在新西兰和南非，分别有94%和93%的葡萄园已经获得相关认证。

第二个问题涉及气候变化的适应性举措。研发新技术是应对全球变暖和极端天气事件的核心手段，负责为葡萄酒行业带来必要的创新。气候问题也可能带来价格的变动。事实上，若气候变化对收成造成冲击，将导致葡萄酒供应链的中断。

价格波动性提高：走向葡萄酒期货市场？ 本书的第一部分提到了2012年银行业研究中心强调的葡萄酒短缺问题，这种短缺必然导致价格的急剧上涨，进而强化价格的可变性（见第四部分图11）。在竞争激烈且利润低的市场环境中，小型生产商遭受的损失往往更大，他们难以利用规模经济，艰难时期通常缺乏足够的财务储备，尤其在价格长期走低或收成不足（特别是在冰雹、霜冻、干旱等天气条件）的情况下。

因此，葡萄酒行业需要手段管控价格波动风险。这种手段在绝大多数的农业和原材料市场中都已经成型，涉及期货市场中以给定的数量、价格和指定的交货期限来进行买或卖。当交易数量巨大时，为确保市场的流动性，这种市场的建立是可以实现的，而当产品具有同质性时，不同质量水平的产品也可以在同一市场中进行交易。

当然，一方面这两个条件限制了散装葡萄酒市场的发展，特别是单一品种葡萄酒期货市场的应用范围。可以想象，全球散装葡萄酒市场为世界各地的各种葡萄品种（赤霞珠、梅鹿辄等）保留了一个空间。许多品牌葡萄酒已经具备了国际化供应。通过期货市场，买方和卖方（生产者）可以更好地管理库存，更好地规划和确保收益。另一方面，这种散装葡萄酒期货市场对于特殊性强的葡萄酒（原产地命名保护等）意义较小，而只对符合同质性要求的标准化葡萄酒有意义。

当然，上述市场的建立是十分复杂的工作，只有说服该行业的全球参与者，才有可能实现。在广泛区域而非特定区域内对葡萄酒进行评价是对葡萄酒理解方式的革命，特别是对"旧世界"国家而言。为获得质量的同质性，控制市场上推荐的葡萄酒质量是另一个要克服的障碍。最后，这种市场将大大减少中介机构的作用，特别是经纪人的作用，而在某些国家中他们发挥着"市场运作者"的作用。如果上述市场得以建立，中介机构将难以从市场中受益。然而，正如其他众多行业所发生的那样，这将是中介机构所遵循的必然趋势——随着技术不断拉近供需之间的距离，这种工作会越来越少。葡萄酒行业也不会例外。

3. 重塑政府的作用？

政府对葡萄酒行业一直具有影响。第一，葡萄酒是一种含酒精的饮料。葡萄酒的消费过度将带来消极的社会外部因素：事故、暴力、公共秩序混乱等。第二，葡萄酒是一种敏感的农产品，历史上曾出现过不同性质的葡萄酒质量欺诈，同时其生产往往是农村地区的主要经济支柱。公共干预有关供需的两大逻辑是例外立法的基础，在不同国家有不同的表述。此外，这一立法将如何随着该行业的变化而改变呢？

例外立法的基础。酒精消费及其后果是所有政府关心的问题，各国为禁止酗酒制订不同形式的法律规范。盎格鲁－撒克逊和斯堪的纳维亚国家主要关注分配。里卡德等人认为，在美洲国家，这种限制可能更为严格（Rickard et al., 2013），在这些国家只有有限数量的商店有权销售酒精饮料，葡萄酒也未能幸免。在欧洲国家，葡萄酒的销售渠道更加自由，人们在超市里也可以买到葡萄酒。其中，东欧国家的监管相对更多地涉及广告层面，甚至会禁止酒类广告。当然，所有国家都禁止未成年人购买酒精，严格管理标签（如要求注明酒精度数、越来越多地要求注明对孕妇的有害影响等），并禁止酒驾。另外，所有国家都对包括葡萄酒在内的酒精饮料征收高税。上述种种措施都旨在减少或抑制酒精饮料的消费。

葡萄酒供应也受到政府的严格管制，特别是在欧洲国家。原产地命名保护在欧洲国家发展完备，该机制通过一系列严格规定来避免各种欺诈行为，包括从其他地区引进葡萄，以掺水的方式降低葡萄酒的酒精含量、增加葡萄酒体量等，以确保葡萄酒的品质。正是为了防止上述欺诈行为，欧洲自 20 世纪初期和中期开始采用原产地命名保护。而由于该机制在盎格鲁－撒克逊国家尤其是"新世界"国家的发展并不完备，所以后者的葡萄酒生产具备更大的自主性。

控制产量是欧洲国家政府进行供应干预的另外一个驱动因素。20 世纪八九十年代以来，为适应欧洲葡萄酒消费量稳步减少这一变化（Meloni et Swinnen，2013），欧洲农业政策（除根保费等政策）趋向于减少供给。而消费不断增长的"新世界"并没有出台类似的供应管制政策。

然而，自 2010 年以来，人们开始重新思考这些政策的合理性。

公共政策转变的原因。在欧洲国家，特别是在法国，政府的视角正在发生变化。一方面，随着联合国教科文组织对香槟酒窖、勃艮第风土和圣爱米隆村文化遗产的认可，葡萄酒已成为国家乃至世界文化遗产的重要组成部分。如今，葡萄酒不仅是酒精饮料，更是一种文化产品。这就使人们对限制性政策提出了质疑，尤其是在广告方面的相关限制。

更重要的是，葡萄酒为"旧世界"国家带来了重要的贸易顺差。欧洲政策已从生产过剩管理转向全球性葡萄酒需求增长的管理。2016 年 1 月 1 日，欧盟颁布了新的种植授权计划，规定葡萄种植面积最多可以相当于全国种植总面积的 1%。这是欧洲层面政策的逆转，目的是增加国际市场上可供使用的葡萄酒产量。

原产地命名保护针对质量和欺诈的管控仍然十分必要，但有关争论已向外转移。21 世纪以来，原产地命名保护的风险集中在品牌相关的知识产权保护上。"香槟"或波尔多地区所使用和保护的"城堡"等名称尤其如此。除此之外，2010 年以来，伪造问题成为人们关注的焦点。霍姆伯格指出，对中国出口的不断发展伴随着假酒产量的大幅增加，尤其是法国产葡萄酒（Holmberg，2010）。

盎格鲁－撒克逊国家在需求方面的监管尤为严格，重新划定葡萄酒的税收和分销监管水平近来被提上日程。里尔德和弗加特等人的研究表明，特别是在美国和澳大利亚的案例中，葡萄酒的负面社会外部效应（事故、暴力等）比其他饮料少，包括酒精含量较低的啤酒（Rickard et al.，2013；Fogarty，2013）。因此，这项研究证明根据饮料的不同进行监管和调整税收是合理的，葡萄酒应该享有某些特权。

可以理解的是，葡萄酒的形象也正在发生重大

变化。为了在国际市场上取得成功，政府和个人都
必须适应这一新情况。

（三） 葡萄酒市场的国际化

葡萄酒市场与其他行业一样，也经历了同样的
阶段，实现了全球化。葡萄酒贸易从最初的少数
几个国家逐步向世界开放，出现了新的竞争对手。
全球化不仅涉及商品的交易，也涉及生产要素的
交易。因此，市场国际化也影响外国直接投资和
人员的流动。但是，如果说葡萄酒行业已经实现
高度全球化，那未来又将如何呢？未来全球贸易
的全景将以何种形式呈现？下面几种情况需要
考虑。

1. 全球贸易流动全景：从领先国家到新兴
国家

新兴国家在全球化过程中崛起并逐步参与国际

贸易。葡萄酒行业的动态发展也基本如此。在发达国家封闭式俱乐部的内部贸易增长之后，出现的第一阶段是"新世界"国家在贸易中的崛起。"旧世界"的领先国家面临来自"新世界"国家"局外人"的强劲竞争，这种竞争主要体现在价格竞争力方面。第二阶段也正在显现苗头，这个阶段主要涉及中国，中国的葡萄园是世界上最大的葡萄园之一。目前人们关注中国的出口何时会对其他生产国的出口形成竞争。这个过程主要分为以下两个阶段。

第一阶段：发达国家之间贸易的增长。20世纪90年代以来，国际葡萄酒贸易中存在两个值得关注的事实。第一，贸易额迅猛增长，1995~2015年全球葡萄酒出口翻了一番。出口额的增长甚至比出口量的增长更为显著（见图8），说明葡萄酒交易的平均质量有所提高。贸易的明显增长显示出该行业的国际化。

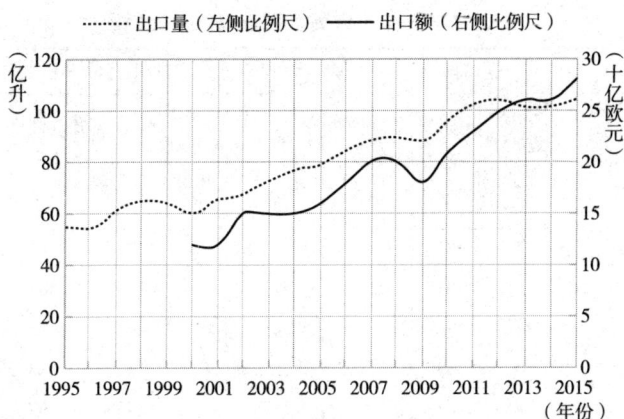

图 8　1995～2015 年全球葡萄酒出口的增长

　　第二，六国之间贸易高度集中是葡萄酒贸易的
另一个亮点（见表 14）。从传统上讲，最重要的三
大葡萄酒出口国是西班牙、意大利和法国。1995
年，三国的出口量占出口总量的 80%，2015 年略高
于 60%。出口主要针对三个大型的葡萄酒消费国：
美国、英国和德国。这些国家的进口量在 1995 年占
进口总量的 80%，2015 年则约为 50%。因此，尽管
集中程度已呈下降趋势，国际葡萄酒贸易仍然非常
集中。

表 14　2015 年十大葡萄酒进口国和出口国

进口国				出口国			
	进口量（亿升）	进口额（百万欧元）	进口价格（欧元/升）		出口量（亿升）	出口额（百万欧元）	出口价格（欧元/升）
美　国	11	4855	4.41	法　　国	14	8244	5.89
英　国	13.6	3915	2.88	意 大 利	20	5353	2.68
德　国	15.1	2466	1.63	西 班 牙	24	2641	1.1
中　国	5.6	1840	3.29	智　　利	8.8	1650	1.88
加拿大	4.1	1618	3.95	澳大利亚	7.4	1459	1.97
日　本	2.8	1319	4.71	美　　国	4.2	1395	3.32
比利时	3.2	930	2.91	新 西 兰	2.1	963	4.59
荷　兰	3.5	867	2.48	德　　国	3.6	953	2.65
法　国	7.8	669	0.86	阿 根 廷	2.7	737	2.73
俄罗斯	4	625	1.56	南　　非	4.2	629	1.5

资料来源：OIV 的数据（www. oiv. int/fr/bases-de-donnees-et-statistiques）。

　　价值和数量上的差异反映了不同竞争对手在葡萄酒市场上的不同定位。表 14 显示，西班牙的葡萄酒出口量具有领先优势，而法国在出口额方面则明显领先，这两个国家战略选择有所不同。西班牙在国际市场的价格领域表现强势，而法国虽无法在价格方面同西班牙竞争，但鉴于原产国和原产地已成为吸引葡萄酒购买的重要因素，法国很好地发展了非价格竞争力，也就是其全球质量形象。就战略定位而言，意大利则选择了以上两个竞争对手之间的中间道路。

西班牙和法国的定位分别过度集中在低端、高端葡萄酒上，这种定位存在潜在风险。当然，包括西班牙和法国在内的所有国家均存在多元化生产商，葡萄酒产品涵盖所有范围。因此，应对这种判断保持谨慎。然而，在西班牙，过低的价格存在贬低产品形象的危险，将不利于部分产区地位的提升。西班牙以低廉的价格大量生产散装葡萄酒，然后出口到其他国家（主要是法国），抵销了商业化过程中大部分的附加值。

法国的情况正相反，脱离中低档市场、过度推广奢侈葡萄酒产品同样存在风险。当然，奢侈品市场是具有高度附加值的细分市场，但奢侈葡萄酒只适合少数生产商，放弃价格较低的细分市场将导致许多葡萄园走向消亡。因此，更好的选择是保持法国生产商的高质量形象，但不只提供特殊酒款，因为只有在极少数情况下人们才会消费这种酒。事实上，法国葡萄园的巨大规模意味着产量策略具有很大的必要性，而非采取只针对超高端细分市场的排他性策略。

从这个角度来看，意大利一直保持其全球层面的战略，实现了大批量生产和附加值创造之间的平衡，普洛赛克（Prosecco）在全球范围内取得的巨大成功和托斯卡纳（Toscane）提供的排他性产品就是明证。

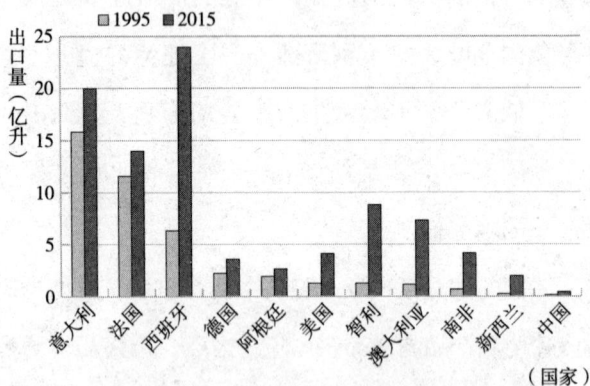

图 9　1995 年、2015 年全球葡萄酒贸易中"新世界"
国家的崛起及其出口量

资料来源：l'OIV（www.oiv.int/fr/bases-de-donnees-et-statis-
tiques）。

第二阶段:"新世界"的崛起和"局外人"的出现。"新世界"国家登上国际贸易舞台可以追溯到20世纪90年代末。图9显示了"新世界"国家出口增长的强度,表14从数量和价值两个方面显示了2015年十大葡萄酒生产国的出口情况。表14最后一栏还列出了出口国家每升葡萄酒的平均出口价格。

智利和澳大利亚的表现最为出色,在业内逐步得到认可,成为"新世界"的领导者。这两个国家的葡萄酒行业以出口为导向,并通过由领头公司吸引的集群建立起良好的组织架构。它们已经成功地将本国品牌(见第一部分)提升至世界领先品牌的前十名。一方面,这两个国家在成本上具有竞争力;更重要的一方面,其产品和市场营销迎合了盎格鲁-撒克逊地区消费者的需求。美国和英国也因此成为智利和澳大利亚两个主要的目标销售市场。

就纯增长而言,新西兰的例子具有很强的代表性,其出口额在1995~2015年增长了近27倍。同时,由于该国葡萄酒的出口平均价格较高,几乎接近法国的平均价格，这种表现就更为显著了。这也表明，"新世界"崛起的浪潮给"旧世界"带来了竞争，而这种竞争已经不仅仅局限在数量层面。新西兰的霞多丽葡萄酒给勃艮第的同类产品带来了竞争，竞争不仅体现在价格方面，而且越来越体现在质量方面。美国的例子也象征着"新世界"国家对高质量和高出口价格的追求。美国的生产商，尤其是加利福尼亚州的生产商，在不断创新和提高质量方面占据世界领先地位。

与其他"新世界"国家相比，阿根廷和南非似乎相对落后。阿根廷的出口增长与其他国家相比甚为薄弱，其增长速度更接近于德国，而德国的葡萄酒出口并非贸易中的优先项。该国的薄弱表现一定程度上可以归因于国家宏观经济表现——20世纪90年代末和2008年经济危机期间，阿根廷的葡萄酒出口大幅缩减。在这种情况下，贸易限制和汇率变动是葡萄酒出口下降的主要原因。相比较而言，南非则面临更具结构性的问题。该国的葡萄酒出口表现良好，但从全球范围内来看仍然位于低端葡萄酒生产的行列。其情况与西班牙相似,近年来散装葡萄酒的出口量有所减少,同时其出口价格仍难有明显提升。在这种情况下,低端、低附加值的陷阱也非常普遍,风险较大。

但是,"新世界"国家的优势在于市场营销。打造强势品牌是美国、澳大利亚等国的主要成功手段,智利也在一定程度上从中受益。这三个国家同时也是"新世界"国家中表现最为良好的。品牌的建立可以获取营销的附加值,同时利用大量资金,可以实现巨大的规模经济效应。因此,品牌成为这些国家竞争力的重要载体。著名国际品牌的出现是另一个标志,可以说,随着新的市场行为体的出现,葡萄酒行业的全球化进入了成熟阶段。

阿根廷和南非迄今未能开发出著名品牌。新西兰的产量和出口量较低,更注重根据葡萄酒的质量和性质采取差异化的市场营销方法。除质量和价格之外,葡萄酒的可持续特征可能是一个关键的竞争变量,随着时间的推移,该特征将在国际贸易统计中占据重要地位。在这方面，"新世界"国家显然领先于"旧世界"国家。

其他生产国也正在逐渐融入并成为世界葡萄酒贸易的一部分，包括黑海周边国家，当然还有中国。中国在1995～2015年的葡萄酒出口增加了7倍，构成了新一波崛起浪潮，属于我们所谓的"新新世界"（见第一部分）。

然而，全球化不仅局限于商品的流动，还涉及资本和人员的流动。

2. 葡萄酒行业的外国直接投资

葡萄酒行业的外国直接投资存在不同的形式。这种投资可以是所谓的绿地投资，即投资者购买土地、种植葡萄；也可以是棕地投资，即投资者购买（持有）该部门公司的股份。在后一种情况下，投资者要么运用一体化战略（上游或下游），要么运用核心业务的外部增长战略，以更好地利用规模经济，实现体量的迅速增长或供应的多样化。

诸多案例证明，外国直接投资是葡萄酒行业的长期现象。然而，我们很难获得该领域外国直接投资的统计数据。学术或专业文献中缺乏相关数据库或文章，难以准确描述投资随时间所发生的变化。奥特维尔和汉尼普遍认为随着该行业的全球化，这种投资正在增加，但缺乏足够的数据支撑（Outreville et Hanni，2013）。目前现有的少数定性研究主要涉及特定国家、区域或企业，详尽和全面的研究仍相当匮乏。

在各种研究中，奥特维尔和汉尼 2013 年的工作成果表明，大型跨国公司在酒精性饮料行业的外国直接投资主要由需求因素驱动。其目标是更接近主要市场，以缩短葡萄酒流向最终消费者的路线。有人对中国葡萄酒企业在波尔多地区和澳大利亚西部地区投资的驱动因素做了一项有趣的研究，研究表明，这种外国直接投资旨在保障供应的安全性并减少葡萄酒出口到中国的中介机构数量（Curran et Thorpe，2015）。当然，对外国直接投资来说，波尔多地区的行业声望或澳大利亚的地理位置（作为居住地）也构成了投资的动力来源。

中国对波尔多的外国直接投资也显示了对葡萄种植和酿酒行业进行投资的敏感性。法国农业信贷银行的地区银行记录了 2016 年第一季度中国在波尔多产区的 128 项外国直接投资，其中一半是以购买房产的形式在梅多克和利布尔纳（波美候、圣米利翁）进行的，而波尔多地区的房产总共约 6500 处。这种购买速度自 2013 年达到峰值以来已经有所下降，我们离专有技术和当地遗产的流失还很远。中国投资者的目的是通过减少波尔多地区的中介机构数量，缩短葡萄酒进入中国市场的通道并有力推动其国内供应的便利化。

当然，外国直接投资的动机可以说非常之多。在生产国的投资旨在投资其生产，在消费国的投资则旨在接近市场和需求。通过媒体对外国直接投资案例的相关报道，特别是专业报刊的报道，我们可以对葡萄酒行业的外国直接投资进行类型划分（见资料 8）。

资料8 葡萄酒行业外国直接投资的类型

1. 生产国对生产国的外国直接投资

主要投资动机包括：多样化（供应风险——短期或长期的气候风险）；创新（采用葡萄新品种或新技术）；获取技术（购买专门知识）；增长逻辑（内部或外部增长取决于外国直接投资的类型）中的供应区分（丰富产品线）。例如，波尔多地区的卢顿（Lurton）家族在"新世界"国家（智利、阿根廷、澳大利亚等）购买葡萄园。

2. 生产国对消费国的外国直接投资

主要投资动机：接近需求市场以更好地了解当地消费者的期望，并建立起品牌在当地的形象；缩短供应链以降低成本（减少中介机构数量）；规避贸易壁垒（避免关税和非关税壁垒）。例如，法国酩悦轩尼诗路易威登（LVMH）集团的葡萄酒部门在中国投资建造葡萄园。

3. 消费国对生产国的外国直接投资

主要投资动机：确保供应（对某些国家而言尤为重要，这些国家的气候变化导致市场中的供应小于需求）；缩短供应链；按照上游一体化的逻辑实现活动多样化；形象传播的投资（通过城堡的声誉来吸引顾客等）。例如，历史上英国人和比利时人在法国的大量投资。参见法国波尔多波亚克地区靓茨伯庄园的历史。

4. 消费国对消费国的外国直接投资

主要投资动机：多样化（减少某一国家需求负面冲击带来的风险）；针对具有高潜力的市场进行的增长策略（内部或外部策略的选取取决于投资的类型）。举例来说，英国各大酒商已将销售网络扩展至海外其他消费国，中国香港葡萄酒专业拍卖行的成立就是典型的例子。

外国直接投资的最后一个原因是人员的流动，虽然很少被讨论，但在许多情况下这是决定性因素。该行业的国际化导致酿酒师的流动性极高，特别是那些在国外完成实习并找到第一份工作的年轻人。南北半球之间季节的交叉性促进了这种流动性，酿酒师在两个半球之间可以保证全年性的工作时间。除此之外，由于法国的出口表现良好，酿酒师有时会在国外建厂和投资。被派往国外的法国酿酒师目前已经成就了许多成功的案例。其中一个标志性的例子是克里斯多夫·巴伦在瓦拉瓦拉（美国华盛顿州），他被称为"疯狂的法国人"，他酿造的葡萄酒甚为美国人喜爱和追捧。

3. 世界葡萄酒贸易的发展前景如何？

2012 年以来国际贸易的放缓（Cepii, 2015）至今未波及葡萄酒行业。然而，我们可以设想不同的发展前景，主要包括："滑动""变奏"和"锁定"。前两者可能成为贸易增长的具体模式，而后者则导致贸易萎缩。

"滑动"的可能性。当前趋势的不断发展将导致"新世界"国家在更大程度上占领世界市场，"旧世界"国家则受到挤压。全球范围内的贸易将继续增长，特别是向新的消费市场发展。安德森和威特沃指出，亚洲将扮演主导角色（Anderson et Wittwer，2015），成为全球领先的葡萄酒消费中心，同时将成为越来越倚重全球性出口的重要产区。在一个由主要全球品牌和主要消费市场的大型分销商所主导的世界里，"旧世界"将失去中低端市场份额。这种市场发展让人想起啤酒市场的经历。只要2000年以来的发展趋势继续下去，这种发展前景就具备了基本可能行。因此，这种场景出现的可能性非常大。然而，不应低估其他变化的可能性。

"变奏"的可能性。市场和消费者日趋成熟，多样化需求不断增加。正如精酿啤酒在高度标准化的啤酒市场上的爆炸性发展一样，人们对寻找新葡萄品种、新生产区域也充满渴望，致力于为趋于统一的市场带来多样性和新鲜度。这种趋势与消费者对本真性的追求相辅相成。中国大规模涌现出对多样化的需求，而曾几何时，这个国家的消费者只热衷于波尔多的葡萄酒。葡萄酒可以使消费者几乎永远对其保持探索，葡萄酒行业中存在着成千上万的葡萄酒品种和成千上万的生产者。因此，差别化贸易是可实现的。"旧世界"拥有高度发达的原产地命名保护，这种基于多样性的发展前景似乎具有先天性的优势。但是，从本质上讲，这种情况意味着世界范围内新参与者的出现。

"锁定"的可能性。这涉及边界关闭的更广泛的宏观经济和社会演变。鉴于葡萄酒承载着国家性的文化遗产，所以这是一种政治敏感型商品，也成为商业和政治冲突的目标（Chavis et Leslio，2009）。2003年，法国反对伊拉克战争，之后，其对美国葡萄酒的进口量也随之下降。区域自由贸易协定谈判的未来变化以及英国脱欧，都将可能使贸易壁垒死灰复燃。那么规范性障碍呢？技术标准尤其是环境标准，在未来几年可能成为真正的贸易壁垒。在这种情况下，在外国投资并进行生产将成为进入外部市场的必要条件。

当然，我们也可以想象其他的演变场景，甚至可以想象这些不同发展前景的混合。例如，啤酒市场提供了前两种场景的折中。这种混合对葡萄酒行业而言是完全有可能出现的，即实现关键品牌和多样性之间的动态平衡。

四　葡萄酒价格的动态

　　想了解葡萄酒价格的动态，就必须彻底了解葡萄酒需求和供应的决定因素。第一部分和第二部分已经表明，葡萄酒市场的鲜明特点使葡萄酒价格难以预测，弹性的缺乏和供应的多样性是该市场特点的一部分。也正因如此，葡萄酒价格具有强烈的变动性及动态差异。葡萄酒市场的日益金融化是另外一个主要特点。2000 年以来，葡萄酒作为一种可替代性的金融资产得到了长足的发展，伦敦甚至建立起真正的葡萄酒证券交易所（交易平台）。这种现象显示了二级市场上贸易的强劲增长。

　　葡萄酒市场的金融化对价格的动态具有很大影

响。但是，21世纪前二十年的投机泡沫是这种演变的结果吗？更普遍意义上来说，葡萄酒供应商和需求方的战略行为会在多大程度上影响葡萄酒价格的动态呢？

（一） 市场价格的确定

供求之间的平衡关系决定了市场上葡萄酒的价格。供应和需求的决定因素以自身逻辑对价格动态做出反应，反应机制存在很大差异。因此，从经验角度分析各种决定因素的重要性之前，必须先了解如何在经典理论框架中建立平衡。这一步骤对于价格预测至关重要。在不断波动的市场中，可靠的预测对代理商们形成预期和做出决策至关重要。

1. 市场的理论性表征

与其他农产品市场一样，葡萄酒市场的供应缺乏弹性，甚至可以说是完全缺乏弹性。这意味着，在短期内（一年或以下），供应难以对价格变动做出反应。因此，从图 10 来看，表示供应的线（在图 10 中标注为 O）是垂直的。因需求（D）变化而引起的价格的变化并没有带来短期内供应的变化。其中的原因很简单：供应来自每年一次的葡萄采摘，并且服从于外部因素（气候、合法产量等）。因此，只有种植面积增加或减少时，供应才会出现变化，即中长期变化。因此，长期均衡的表征导致供应线具有正斜率，但从葡萄种植到第一茬作物收获需要大约三年时间。因此，供应调整所需的时间很长，导致市场表征符合图 10 的表现。

因此，我们可以理解短期内价格变动基本上来自需求变化。D 线向位置 D1 或 D2 的位移分别揭示了需求的上升和下降对价格的影响，该价格高于初始均衡价格 Pe（通过供应和需求的投影交叉点在 y 轴上所读取到的价格）或低于初始均衡价格 Pe。供给的非弹性（O 的垂直位置）增大了需求对价格的影响。事实上，如果供应具有弹性（O 准水平位置），供应变化将通过微弱的价格变化迅速适应需求的变化。

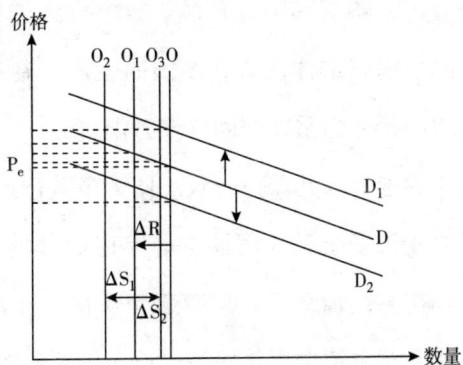

图 10　葡萄酒市场的理论表征（短期平衡）

　　每年九月至十月的葡萄收获季节之后，将迎来众所周知的收获期。O 线的位置就可以确定了。想象一下，由于不利天气条件（晚霜、冰雹、干旱天气等）的影响，收成较上一年会大幅度下降。在这种负面冲击下，供应线将从 O 移动到 O_1（在图上用 ΔR 表示），从而导致价格上升和消费体量的下降（沿着 D 线向左移动）。比方说，该市场涉及 A 国，在其他条件不变的情况下，价格上涨实际上将导致国内需求转向与其竞争的其他国家的同类产品。因此，A 国的葡萄酒需求将下降，但国内消费者及外国消费者还将购买其他葡萄酒。歉收导致的价格上升导致部分消费群体流失，A 国的生产者在接下来的几年中都要努力重新夺回这部分消费者。

股票的走势与此保持一致。同大多数行业一样，尤其在农业市场上，葡萄酒市场存在相对较大体量的库存。在某些情况下，库存甚至可能多于单次收获的体量。其主要作用是保持市场报价的相对平稳，避免不同年份间的收成不同而导致的价格过度波动。事实上，因某一年份价格过高而失去市场份额 n 时，重新夺回市场需要大量的商业投资。因此，最好的方法是对其客户保持尽可能稳定的市场价格。在图 10 中，收获产量的下降（ΔR）可以通过去库存（ΔS_2）来抵消，这种方式可以保证供应线出现在 O_3 位置，非常接近初始位置（O）。因此，库存管理在价格平滑的反周期逻辑中具有战略意义，有利于形成相当稳定的价格动态。

有的时候，存储行为会放大顺周期逻辑中的供应方价格变动。对应到图形上，也就是部分作物存储所带来的 O_1 到 O_2 位移（ΔS_1）。这种行为可能反映出在几次歉收之后重新建立库存的真实需求，也可能反映生产者为提高价格而做出的战略举动。然而，在竞争激烈的市场环境中，由于消费需求有可能转向竞争对手，这种计算方法是危险的，因此，只有具有强大市场力量的生产者才能够自主决定其市场供应。

库存也与生产者的期望有关。当预期价格上涨时，生产商自然会选择存储产品。如果价格确实上涨，生产商将通过推迟销售获得更高的利润。同时，如果这种想法在生产商中不断扩散，也将自动实现。存储行为替代了销售行为，市场上供应数量随之减少，从而价格自动提高。

以上战略行为的发展程度，既取决于成本和存储能力，也取决于生产者对风险所持的态度。我们可以通过农业经济学中使用的存储模型对其进行建模（Gouel，2012），该模型应用在葡萄酒行业，可以展示库存管理对葡萄酒价格动态的影响（Paroissien，2015）。库存在理论模型中也被认为是应对供应或需求冲击的防范措施。这也解释了为什么企业必须始终保持足够高的库存水平。

库存不仅是供求不平衡的产物，也是价格的基本决定因素之一，因此必须将其纳入葡萄酒价格的估算方法中。

2. 葡萄酒价格的确定与预测方法

解释葡萄酒价格形成的计量经济学方法主要集中在优质葡萄酒和享乐主义方法上。针对散装葡萄酒的研究较少。然而，后者也是葡萄酒行业的重要研究对象。利用模型进行价格预测、帮助行业行为者做决定，是理解价格形成的实际性挑战。

享乐主义方法。享乐主义方法由罗森（Rosen，1974）创立。这种方法从相对简单的方式出发，通过构成商品的所有属性计算其回归价格。由此获得的回归系数表示了每个属性的边际价格。换言之，它们给出相关属性附加单位的消耗价值。这种方法最初来源于兰开斯特（Lancaster，1966）的理论，也就是将商品分解为以圆圈表示的多种属性。享乐主义方法尤其适应于具有大量特征或者属性的高区分商品。例如，该理论经常用于资产具有多种属性的房地产行业。科斯唐尼格鲁和麦克罗斯基（Cost-anigro et McCluskey，2011）详细解释了享乐主义方法在食品行业（包括葡萄酒行业）的技术应用方式。

葡萄酒适用于这种分解方式。第二部分的表 10 很好地描述了传统的享乐主义分析中所涉及的属性。其中包括葡萄酒颜色、葡萄品种、产地、荣誉（奖牌、专家酒评等），酒瓶的规格和尺寸（普通瓶型、大酒瓶等）、酒标（有机的等）和品牌、年份等。大量现存文献也可以帮助我们形成更清晰的观点，了解各种属性在不同葡萄种植区框架中所代表的价值（Oczkowski et Doucouliagos，2014）。尤其重要的是，这种方式不仅有助于了解专家对优质葡萄酒定价的影响，也揭示了原产地命名保护作为集体品牌对价值创造而言的重要性。

享乐主义方法随着时间的推移而不断发展，并纳入新的变量。康布里等人（Combris et al.，1997）和卡德拜、菲格埃（Cardebat et Figuet 2004，2009）的研究表明了葡萄酒品鉴中变量的影响。他们指出，传统变量在很大程度上成为葡萄酒工艺评论中的主导性变量。卡德拜等人认为，气象变量的加入从技术上改善了模型的计量经济特性，解决了内生性问题（Cardebat et al.，2014）。气象变量还可以对未来收获的质量（或数量）进行上游预测，在价格预测中发挥着关键作用。因此，纳入了气象变量的享乐主义方法对预测和确定葡萄酒价格而言十分有利。在属性和边际价值已知的情况下，价格随之可以确定。享乐主义方法也因此可以成为生产者定价的工具。

然而，这种方法主要对高差异性葡萄酒有效。对于特征有限的葡萄酒，例如散装葡萄酒，享乐主义方法的优势相对有限。

由存储模型派生的方法。存储模型派生的方法最初由古斯塔夫森（Gustafson，1958）建立并应用于其他商品领域，很少应用于葡萄酒领域。而后威廉和赖特（William et Wright，1991）对其进行了改进，在此基础上，罗伯茨和施伦克尔（Roberts et Schlenker，2013）将这些模型应用于农产品，以确定供求的价格弹性。

帕罗西亚（Paroissien，2015）将此模式用于波尔多红葡萄酒的散装葡萄酒。他根据供求的主要决定因素来确定供求函数。当下供应 t 取决于价格和可用库存，需求则取决于质量、价格、汇率等一系列决定因素。在这两个方程式中，价格必须使供求平衡适应于市场均衡。因此，需要用供求两个方程式同时对这一系统进行回归，以确定价格。帕罗西亚还增加了供求的随机变量，以将代理人无法预估的（歉收、经济危机等）的随机性冲击发生纳入考量当中。

通过这种模型得出的结果对价格而言具有良好的解释力。如果我们能够正确地预测供应的解释变量，例如，库存水平、收成以及需求的解释变量，如汇率、收入等一系列对葡萄酒需求起关键作用的宏观经济变量，那么将对预测起到非常关键的作用。这种方法需要信息检索，也可能由于供求解释变量的预期错误带来重大风险。这也很好地解释了发展其他类型方法的必要性。

非结构性方法。无论是在股票市场还是在商品市场，使用非结构性方法进行资产回报的相关预测在金融领域都是十分普遍的。所谓非结构性方法，指的是不使用从理论推理中导出的解释变量的方法。这种复杂的计量经济模型通常是单变量的，试图仅基于以往的价格来预测未来的价格。

葡萄酒相关文献中出现了两个该类型的研究方法：自动学习和状态空间法。这两种方法虽然存在很大的不同，但有一个共同点，那就是不断适应数据的变化并随着时间推移不断改进、校正预测误差。这两种方法均摒弃了标准计量经济学中常用的线性回归方法。

杨等人的研究表明，自动学习对葡萄酒市场的预测能力高于标准计量经济学的预测能力。这种非结构性方法使用了 Liv-ex 100 指数的历史数据（关于 Liv-ex 的介绍，见下文），所得出的结果令人信服，应进一步鼓励这种方法的使用。就散装葡萄酒市场而言，巴津和卡尔登特（Bazen et Cardebat，2016）用状态空间法得出的波尔多葡萄酒价格预测非常接近现实。

然而，这两种方法都受到相同的限制，非结构性方法仅依靠过去的价格进行预测，因此无法预测影响价格的冲击因素。首要冲击来自于每年初秋农作物的收获期。两种方法对于收获日期之间的短期预测十分有效，也就是在冲击发生的时期之外具有有效性。

可以说，葡萄酒价格预测不存在完美的方法。上述各种设想方法——享乐主义方法、存储模型派生的方法和非结构性方法——实际上是相辅相成的，必须同时使用，它们为该行业的参与者提供一系列价格预测的工具。

（二） 葡萄酒价格动态的差异

由于缺乏预测性价格指标（期货市场对大多数其他商品的作用），葡萄酒价格的波动性很大，因此预测的问题显得尤为重要。这种情况既发生在优质葡萄酒市场，也发生在散装葡萄酒市场。除此之外，由于单一价格法没有得到有效贯彻，该市场存在仲裁不力的现象。葡萄酒市场的低效可以通过多种因素得以解释，其中包括个体行为者的策略。

1. 不稳定轨迹

尽管基本指数相同，散装葡萄酒和优质葡萄酒的价格动态却存在很大差异，这可以从图11上下两部分的比较中可以看出。图11（A部分）显示了法国散装葡萄酒每周平均价格的变化，包括无地域标识（IG）和受保护的地域标识（IGP）、红葡萄酒和桃红葡萄酒。图中显示出两个突出特点。

A
（欧元／百升）

B
（欧元／百升）

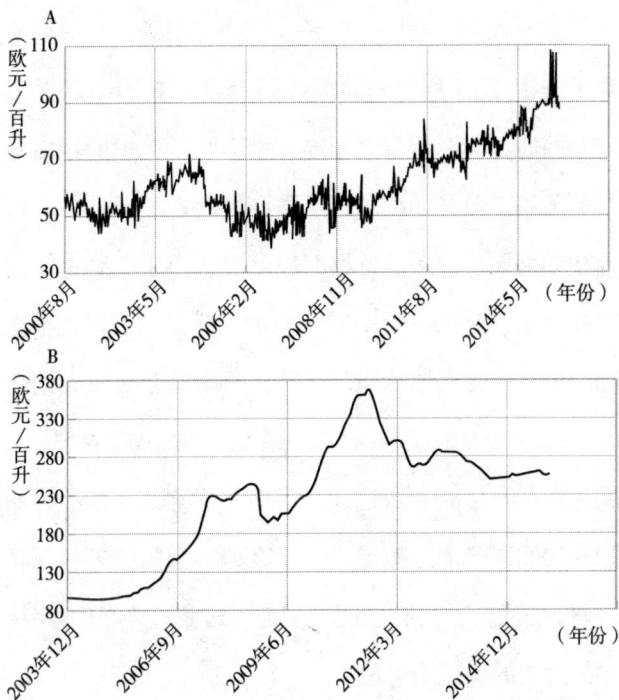

图 11 散装葡萄酒（A）和优质葡萄酒（B）价格的演变

1. A 表示 2000 ~ 2015 年，没有 IG 标识和有 IGP 标识的红葡萄酒、桃红散装葡萄酒的每周平均价格。数据主要来自于当年 8 月 1 日至次年 7 月 31 日。取值范围主要在 2000 年 8 月 1 日至 2015 年 7 月 31 日。

2. B 表示 liv-ex 优质葡萄酒可投资指数的月度变化，包括 1982 年开始的 24 个主要的波尔多葡萄酒（从声誉、帕克评论和价格来看）。有关详细信息，请参见 https：//www. liv－ex. com/staticPage-Content. do？pageKey = Fine_ Wine_ Investables。该指数从 2004 年 1 月 1 日（基数为 100）持续到 2015 年 12 月 31 日。

资料来源：Base FranceAgriMer des contrats d'achat de vin en vrac et données du Liv-ex。

第一点是价格以星期为周期的高波动性。这可能源于销售/购买批次的差异，因为我们知道市场并非完全同质，其中混合了无地域标识和受保护的地域标识葡萄酒。散装葡萄酒市场虽同样存在波动性，但这种波动性要小得多。价格的波动性提出了不确定性问题及其所带来的风险问题。如何在短期内管理价格变动的风险？在其他市场，期货合同的签署是重要的管理方式，或者是在有组织市场（期货市场）中进行，或者是双方协商一致达成。目前在葡萄酒市场上，法国及其他许多地区也提出了年度购销合同或多年购销合同。然而，这种合同往往规定了诸多可终止的条件，导致价格的稳定缺乏保障。

第二点是 2006 年以来法国散装葡萄酒平均价格的大幅度上涨。这一定程度上源于中国需求的增长。在不到十年的时间里，散装葡萄酒价格几乎翻了一番。对品牌的全球化战略而言，品质良好的散装葡萄酒至关重要，这也是该种类葡萄酒需求上升的一个重要原因。

可以通过 Liv-ex 的各种指数来研究优质葡萄酒的价格动态。这家伦敦公司事实上已经成为葡萄酒信息领域的领导者。Liv-ex 为全球专业人士提供了一个虚拟交换平台（电子交换）和物理（存储、物流等）平台，也提供了一个庞大的优质葡萄酒数据库。图 11（B 部分）显示了 Liv-ex 交付的一项主要指数的月变化情况，即主要优质葡萄酒（这些葡萄酒主要用于投资）的月变化情况。

与散装葡萄酒市场一样，中国需求的上升导致了 2006 年以来优质葡萄酒价格的大幅度上涨。考虑到优质葡萄酒的稀缺性，其价格涨幅要远远高于散装葡萄酒。价格增长在次贷危机期间一度停滞，但经历短暂的停滞后很快重新增长并一直持续到 2011 年秋季。该年中国需求大幅度下降。佳酿的价格轨迹在某种程度上与投机泡沫轨迹相接近。本部分最后一节详细解释葡萄酒价格金融化的决定因素。

散装葡萄酒和优质葡萄酒的价格动态最终涉及市场的效率问题。不同细分市场的价格变化情况存在很大区别，但尊重单一价格法（LPU）或尊重它的相对性形式（即绝对价值的动态均化），仍然是实现市场效率的一个关键条件。

2. 单一价格法宣告失败

价格轨迹的差异表明，葡萄酒并非单一价格法能够发挥作用的同质产品或资产。该法意味着，交易成本相接近的资产，无论在哪个市场进行交易，其价格都是相同的。另外，如果我们不考虑一般性葡萄酒而只考虑特殊品牌的葡萄酒，一旦除去其中的交易成本，价格应该是相同或相近的。这代表市场仲裁良好且组织高效，对金融领域而言非常关键。

有关单一价格法在葡萄酒市场上的应用研究很少。目前少有的研究分为两类，一类分析拍卖和零售价格市场。阿申费尔特（Ashenfelter，1989）及此后的金斯伯格（Ginsburgh，1998）首先发现葡萄酒拍卖市场不遵守单一价格法的问题。原因在于英国拍卖机制的重要特点，即价格下降异常（当同一拍卖过程中出售几批相同的葡萄酒时，最不愿承担风险的买家会先发制人，给出高价以保证自己成功购买这批葡萄酒，而其后的买家随之面临所有葡萄酒均已售出、无法购入的风险，却不会支付风险溢价，因此针对同一种葡萄酒而言，价格将随拍卖过程的进展而下降）。即使将这一影响考虑在内，也可以看出，即便是同一年份、同一品质的两瓶葡萄酒在同一日期的同一拍卖或两次不同拍卖中出售时，价格也可能有所不同。在卡德拜等人（Cardebat et al.，2017）的研究中，通过纳入所有交易成本的数百次葡萄酒拍卖分析，他们指出两瓶相同的葡萄酒之间有时存在巨大的价格差异。因此，在葡萄酒拍卖市场不进行仲裁，对价格差异的利用心理所驱动的买卖行为将导致葡萄酒市场上的价格差异。参与该市场的相关人员（如收藏家、消费者、投资者）之间的异质性是单一价格法未得到有效遵守的合理原因。他们存在不同的期待，因此也具备不同的价格支付意愿。

基于零售价格分析的研究也得出了单一价格法无效的相同结论。耶格和思妥奇曼（Jaeger et Storchmann，2011）针对美国零售价格进行的分析也宣布了葡萄酒市场上单一价格法的无效性。卡德拜等人的研究选取了最大城市（香港、纽约、伦敦、巴黎等）中地理位置相似的餐馆中相同的葡萄酒为样本，并考虑餐厅的特殊性，同样证实了单一价格法的无效性。零售商采取的顾客细分策略可能是该法律缺乏有效性的主要原因（Cardebat et al.，2015）。

不管是在哪种情况下，无论分析的细分市场如何，葡萄酒市场中的单一价格法都被证明是无效的。在以金融视角来评估葡萄酒资产时，这将构成主要问题。

（三）　葡萄酒价格的金融化

自 2006 年以来，优质葡萄酒价格大幅上涨。正如题目所显示的，优质葡萄酒吸引了一批投资者，该群体往往寻求资产组合的多样化、寻找替代性投资手段。葡萄酒的优点是其存在有形价值，对金融市场的时常性波动不敏感。因此，葡萄酒与艺术品或某些收藏品（邮票等）一样，可以被视为可替代性资产。然而，经过一段时间的葡萄酒投机热潮后，这种替代性资产显示出来的风险可能比看起来要大得多。

在描述了葡萄酒金融市场的特征、决定因素和动态之后，我们将审视其对投资者的真正吸引力、风险，也将试着讨论导致众多葡萄酒专门投资基金破产的陷阱。

1. 作为替代性金融资产的葡萄酒

可以替代传统金融投资产品的葡萄酒数量有限，但数量正在增长。我们将此类葡萄酒称为投资性葡萄酒。此类葡萄酒最初是享有盛名的波尔多葡萄酒，2010 年年初以来这种葡萄酒市场一直在向世界其他地区延伸。然而，并非所有葡萄酒都可以被视为投资工具，它们必须具有某些基本特征。优质葡萄酒的金融市场具有复杂性，不同的行为体寻求在其中实现不同目标。为对其进行分析，我们将区分两个市场构成：一级市场和二级市场。但在此之前首先需要勾勒出葡萄酒金融市场的技术和地理轮廓。

什么是投资性葡萄酒市场？对投资性葡萄酒市场的界定存在两个维度。第一个维度是技术性的。要成为投资工具，葡萄酒须具备升值潜力。这种葡萄酒必须享有声望，并因此在市场上十分抢手。罗伯特·帕克等最知名葡萄酒专家所做的评论至关重要。成为公认的投资性葡萄酒有两种，或者是历史上享有盛誉的葡萄酒（梅多克等级中的前五大葡萄酒，勃艮第的著名葡萄酒），或者是从顶级专家，尤其是从帕克这样的权威专家那里获得至少 95/100 分以上的高分。

但仅仅满足这种条件是不够的。投资性葡萄酒还需具备流动性：稀有葡萄酒会变成一种收藏品，对其进行买卖往往十分困难。投资者需要具有较好流动性的产品，流动性将使市场交易变得更加频繁，更容易实现葡萄酒的交易。由于葡萄酒得到了较好的评价，因此它更容易在市场中高效地流动，也能够不断地找到交易对象。投资者也需要购入较大数量的葡萄酒。

　　界定该市场的第二个维度是地理性的。虽然世界上存在多个供应投资性葡萄酒的地区，但波尔多葡萄酒仍是其中最畅销的投资性葡萄酒。原因很简单：该地区的葡萄酒结合了声望、高专家评级、充裕的流动性（尤其是相对于其他产地而言）等多个要素。当然，波尔多名酒的大规模生产也是重要原因，该地区的酒庄平均种植面积超过 80 公顷，每年生产超过 12 万瓶优质葡萄酒。对比之下，勃艮第的罗曼尼·康帝的葡萄种植面积几乎不超过一公顷，每年只生产 5000 多瓶葡萄酒。此外，波尔多葡萄酒历史悠久，陈酿能力很强。所以市场上有很多不同年份的波尔多葡萄酒。例如，20 世纪 80 年代的佳酿交易频率就很高。这种历史深度提升了市场的流动性。

　　波尔多葡萄酒的流动性显示了其作为投资手段的成功，并在很大程度上主导了整个市场。Liv-ex 交易平台的数据显示，2000～2011 年，波尔多葡萄酒的交易额占投资性葡萄酒市场总交易额的 90% 至 95%。然而，2011 年秋季中国的需求大幅度下降，加上 2011～2013 年几个生产年份的葡萄酒平均水平不高，波尔多葡萄酒的价格和吸引力也随之下降。2015～2016 年，其在全球贸易总额中的份额逐渐稳定在 75%。

　　波尔多葡萄酒的吸引力下降使部分葡萄酒从中受益，其中包括勃艮第和意大利的优质葡萄酒，尤其是托斯卡纳葡萄酒以及香槟和罗讷河谷的葡萄酒。加利福尼亚州（美国）、巴罗萨山谷（澳大利亚）或里杜埃罗河岸（西班牙）等其他地区的投资性葡萄酒也越来越受到欢迎，投资性葡萄酒市场正趋于多元化。

优质葡萄酒的一级市场：期酒的配额制。一级市场既是葡萄酒资产的市场，也是生产商首次对外出售葡萄酒的市场。一级市场对最负盛名的葡萄酒意义非凡，在该市场上，葡萄酒的需求通常高于供应。相关的配额制已经建立，生产者通常选择有实力和意愿购买葡萄酒的买主。

对于投资性葡萄酒市场的主要构成，即波尔多葡萄酒，配额与期酒售卖相结合，原则与期货市场相似（见资料9）。这种葡萄酒在收获后次年的4月至6月间销售，两年左右进行交付。品酒活动一般只对专业人士尤其是酒评家开放，活动一般在葡萄收获后的四月第一周举行，活动结束后专业人士将决定期酒价格。该机制始于20世纪70年代，并在20世纪80年代开始流行。

根据全球葡萄酒评分网站（Global Wine Score）的数据，波尔多大约400家酒庄的优质葡萄酒几乎都是通过上述方式销售的。该网站基于不同专家的评分，提供了期酒平均分的计算方法（Cardebat et Paroissien，2015）。只有波尔多葡萄酒市场的核心中介商有权购买期酒，他们可以从酒庄得到配额，即购买一定数量期酒的权利。如果他们行使购买的权利，该权利第二年将予以延长。如果他们在 t 年只行使部分权利，那么他们在 t + 1 年的权利将维持 t 年行使的权利水平。如果中介商未从获得配额的庄园购买葡萄酒，将在第二年失去购买配额。

　　享有配额的中介商可以提前保证购得需求量很大的稀有葡萄酒，也能享受低于酒庄直接售卖价格 10% 至 30% 的价格。但需预付现金，这是不便之处。与此同时，酒庄却可以从现金预付款中获益，为其投资提供资金并确保其销售。然而，在牛市的情况下，葡萄酒可能在三到五年内获得很大的升值。因此，葡萄酒庄园在实行期酒制度的同时放弃了存储葡萄酒、在最有利的时候出手从而使利润最大化的权利。这也是拉图庄园等酒庄选择放弃既有的机制的原因。当然，一般来说，酒庄不会在期酒市场中出售所有的产品，早期市场的投放数量和保留的数量正是机动策略的一部分。

上述体制的重点在于配额。事实上，即便葡萄酒质量中等或偏低，中介商仍然会选择购买葡萄酒，保持他们的购买配额。交易者需要保持常年的市场准入权，以购买特殊年份的葡萄酒。2000年以来，尤其是 2010 年以来，期酒价格出现通货膨胀。而与期酒价格相比，部分葡萄酒实际上在上市几年后零售价更低，大大降低了期酒购买的收益率。

这种配额制对勃艮第优质葡萄酒市场而言也很重要，该地区的葡萄酒销售不仅针对专业人士，个人也可以从储存中受益，甚至可以传给后代。但葡萄酒庄园仍保留购买权利的裁量权，等待获得分配权利的名单可能非常长。事实上，所有有声望的酒庄都或多或少地实践这一制度，对购买者做出选择。定量供应也避免了价格的过度膨胀。

资料9　优质葡萄酒期货市场的失败经验

2001年9月，管理巴黎、阿姆斯特丹和布鲁塞尔证券交易所的欧洲证券交易所（Euronext）推出了Winefex期货合同。合同以5箱12瓶装葡萄酒为一组，但每组的具体酒款不详。其基本思想是提供一种不同于现货市场的通用期货合同，在期货市场上采取与现货市场相反的措施以对冲价格波动的风险。一个市场的收益可以抵消另一个市场的损失。这种期货合同在市场流动性强的情况下可以发挥作用，需要进行许多次交易，以便参与者可以随时处理他们所面对的情况。但这种期货合同是失败的，这恰恰因为很少有人使用这种合同。每天登记在案的合同很少，或者没有，在这种情况下，交易者根本不可能找到能够弥补自己损失的市场。Winefex合同推出几个月后就宣告失败了。在价格差异较大的异质市场中，不了解交易酒款的详情，致使该行业的部分行为者害怕其地位被削弱，"9·11"袭击后金融市场的日子也并不好过，这些条件促成了建立波尔多期酒市场的尝试。

优质葡萄酒的二级市场。二级市场是一种二手市场。在二级市场中，已经在一级市场上发行的资产再次进行交易，出现了首批买家。投资性葡萄酒的本质并非用于饮用，所以很多此类酒会在二级市场上进行交易。Liv-ex平台数据显示，二级市场实际上非常活跃，2010年以来每年交易额达40亿至50亿美元。该市场存在多种形式，范围相当模糊。其中包括买/卖二手葡萄酒的商人、个体通过互联网或拍卖进行的买卖以及全部或部分从事葡萄酒投资的基金。马塞特、魏斯科普夫和科苏塔（Masset，Weisskopf et Cossutta，2015）研究此类基金及其运作方式，其中大多数选择在避税天堂进行登记。2011年，此类基金的葡萄酒资产总额估计约为12亿美元。

从位置和物流的角度来看，二级市场围绕两个板块构建。第一个是拍卖行。市场上起关键作用的拍卖行有佳士得、苏富比、施氏和阿克尔·默拉尔&康迪特。这些拍卖行在世界大多数主要城市（伦敦、香港、纽约、巴黎等）组织销售。2015年，销售总额估计为3.5亿美元。易趣网（eBay）上也存在很多个人的拍卖行为，但难以对其进行量化。

优质葡萄酒市场的第二大板块来自平台交易。目前存在不同国家的多个平台。在法国，iDealwine 是最著名的，但伦敦的 Liv-ex 平台是世界领先者。它既是一个类似葡萄酒证交所的虚拟平台，同时也是一个实体存储平台，扮演物流中心的角色，并以各种指数的方式持续提供价格信息。另外，伦敦和日内瓦等城市也出现了自由港，从技术和税收层面提供最大化的优惠政策。

自 2000 年以来，二级市场的亮点是其逐步成为有组织的市场，主要是通过虚拟平台和实体交易平台两个层面建立起来的。真正的优质葡萄酒交易市场出现，Liv - ex 成为主要行为体，该平台发布的指数目前是大多数投资者的重要参考依据。

2. 葡萄酒投资的形式与回报

葡萄酒投资形式多元，即使对体量最小的投资者来说，此类投资也是相对容易掌握的。在 2005 ~

2010 年的牛市阶段，这种投资形式非常流行，而现实显示，此类投资可能比部分基金承诺的风险更大，利润更低。

投资葡萄酒的方式。葡萄酒投资存在三种可能的方式。最直接和最广泛的方式是购买瓶装酒。每个人都可以通过建造酒窖来实现这种投资。然而，鉴于购买的葡萄酒可能不会交付，所以酒窖也可以是虚拟的。例如，可以存放在大型交易平台或拍卖行使用的专门仓库中。专门性投资者并没有必要实际拥有其所购买的葡萄酒。投资者或者通过商家或拍卖会进行买卖，或在一级市场上进行买卖。购买葡萄酒的好处是能够投资其所选择的数量，鉴赏家投资者能够选择他们自己的葡萄酒。

第二种选择是通过葡萄酒类投资基金进行投资。此类基金会直接为投资者选择投资性葡萄酒。它们提供的最低投资数额在 1 万欧元到 12.5 万欧元之间（Masset，Weisskopf of Cossutte，2015），实际上，它们可以被称为批发市场，并非专门对个人提供服务。

基金策略也可能大相径庭，投资者会在上游仔细研究这些基金。部分人更为关注较年轻的、适宜葡萄酒流通的年份，而另一些人则关注最受欢迎的和最古老的年份（如 1961 年），后者的葡萄酒往往是最有价值的，但流动性较低。投资组合的估值方式也不同。一些人依赖 Liv-ex，另一些人则有自己的估值方法，但这并不总是完全透明的（Cardebat et al.，2017）。最后，部分基金会提议直接投资房地产或葡萄园，部分银行也在构建投资农业用地的要约。这些都是长期投资。

众筹或者说参与式融资正在成为葡萄酒投资的新选择。通过互联网平台接触广大受众，并从受众获取相对有限的资金，这样的融资方式称为众筹。投资者提供的这些款项通常以实物（葡萄酒）和（或）现金偿还。众筹市场正呈指数级扩张。2015 年，众筹募集资金总额为 340 亿美元（Bargain et al.，2016）。目前专门针对葡萄酒的平台已经建立，例如克鲁兹、裸酒，甚至在法国的芬多维诺和葡萄酒基金。葡萄酒具有地方特色，很适合这种投资形式。平台尤其支持购买葡萄园、房产以及有机转化的项目。但股权众筹是目前重要的发展趋势，投资者从中可以获得企业的一部分股权（Bargain et al.，2016）。除了有助于融资，众筹基金可以拉近葡萄种植者和消费者以及业余爱好者间的距离。网络平台或社区一旦建立起来，将从商业层面上有力地支持酒农，充当其大使和推荐人。当众筹回报形式通过葡萄酒进行时，也为葡萄酒酿造者提供了很好的机会，能够提前"出售"其产品并节省营销成本。

收益处于幻想与现实之间。在因特网上简单搜索一下就会发现，新闻界经常把葡萄酒说成一种极具吸引力的投资方式：高回报、低风险、与金融市场的关联度有限。这一共同愿景在21世纪第一个十年确实获得了经验基础，也通过投资基金得以维持。然而，经济学研究在这个问题上实际存在很大分歧（Storchmann，2012）。一些分析认为葡萄酒投资收益很高，甚至远远高于股票或债券的投资收益。相反，其他分析则认为其收益低于传统金融资产。

　　不同投资形式的回报性质也会有所不同。经济学研究仍侧重于投资的主体形式，即葡萄酒购买的收益。在这里，唯一的回报来源是与假设价格上涨有关的增值。但是，必须从总收益中扣除与交易和存储等有关的所有成本，才能获得净收益。大多数研究都是基于葡萄酒投资价格指数计算的基础上。虽然从如何计算指数、研究的周期和是否考虑储存成本等方面来看，波尔多葡萄酒都是主要参考标准，但是由于所涉及的葡萄酒不同，所以得出的结论也不相同。

　　鉴于这些差异，很难给出一个综合方案。然而，最近的参考研究（Dimson et al.，2015；Masset，Weisskopf et Cossutta，2015）得出结论，相对于传统金融市场来说，葡萄酒不会带来超额回报。1899～2012 年，葡萄酒投资基金的长期净收益每年约为4%。即使是在最近一段时期，这种回报也是相对持平的。葡萄酒投资基金的业绩表现接近股票基金。

此外，研究还表明葡萄酒价格存在不稳定性，因此
投资风险高于传统金融资产。最后，葡萄酒投资收
益与股票和债券收益存在很大程度上的相关性，从
而减少了多样化收益。这一分析得到了卡德拜和焦
（Cardebat et Jiao，2016）的证实，表明优质葡萄酒
的价格和股票价格同样受宏观经济的影响。

经济学文献中的共识与投资者对葡萄酒的热情
背道而驰。不过，前者支持不同形式的投资，如股
票众筹，也鼓励投资者探索其他地区和其他葡萄酒，
以实现投资多样化，并寻求降低与股市之间的关
联度。

投资葡萄酒的风险。在进行葡萄酒投资前必须
考虑四种风险。第一种与其他许多资产投资的风险
相同，也就是市场风险。优质葡萄酒的价格很大程
度上受宏观经济因素的影响，与传统的金融资产有
着共同的决定因素。因此，金融市场的变化对葡萄
酒市场也具有影响，或者是因为两种市场对同样的
因素有所反应，或者是财富效应发挥作用——股票

价格下跌导致葡萄酒销售增加以回流资金，或者是自我实现预期发挥的作用，担忧葡萄酒市场价格下跌。

第二种风险则更令人担忧，即流动性风险。与股票市场相比，葡萄酒市场的交易非常有限。备受追捧的老年份佳酿尤为如此，此类产品随时间的推移自然越来越稀有；小规模生产的葡萄酒或来自名酒市场上鲜为人知的产区的葡萄酒流动性也更低。这些细分市场的深度是有限的，难以为给定的葡萄酒找到买家和卖家。由于世界各地存在不同交易平台和多种拍卖，优质葡萄酒市场碎片化严重，加之大量交易成本，风险进一步加剧。

市场流动性的缺乏构成了优质葡萄酒投资组合估值的第三大风险。组合葡萄酒价值的评价基础是什么呢？这是所有葡萄酒投资专门基金必须回答的问题。虽然 Liv-ex 的报价越来越成为参考，但对此问题并没有形成统一的答案。问题是，根据最新拍卖或者不同交易平台上的价格，完全一样的葡萄酒

（产于同一年份的同一个城堡，例如 1982 年的奥比昂）也可以存在几种不同的价格。不遵守单一价格法（见上文）所揭示的价格的异质性提出了价格的最终确定问题。卡德拜等人（Cardebat et al., 2017）指出了部分基金公司的行为，它们采取模糊性甚至是误导性的价格选择规则。Nobles Crus（一家卢森堡葡萄酒投资公司）因其不尽如人意的估价行为被媒体曝光（最初被英国的《金融时报》曝光）。

第四种风险来自伪造。优质葡萄酒的价格很高，该类型的葡萄酒已成为造假者的主要目标，这种风险在消费者经验不足、容易被劣质葡萄酒欺骗的市场中尤为突出。在中国，葡萄酒造假行为日益增多。同时，这种现象也影响到其他市场，甚至那些消费者知识经验成熟的市场。2012 年在美国被捕的著名葡萄酒伪造酿酒师鲁迪·库尼亚万的案件就证明了这一点。2006 年他在纽约的一次拍卖会上的总收入便超过 2000 万美元。如果产品的可追溯性不尽如人意，那么从个人甚至在拍卖会上或从商家手中购买葡萄酒总是有风险的。为此,葡萄种植庄园不断提升其葡萄酒产品的可追溯性和不可侵犯性,减少这种风险给买家带来的不确定性。

最后,这些风险因素表明,投资葡萄酒之前要采取非常谨慎的态度。投资葡萄酒市场的参与者的严谨性至关重要,尤其是对基金公司而言。后者必须采用严格和透明的评价方法,重点关注具备可追溯性和流动性的葡萄酒。市场风险在一定程度上是通过葡萄酒采购的多样化来避免的,但这也会带来流动性较低的资产风险。另一个解决方案是改变投资方式,从购买葡萄酒产品转换为进行众筹或土地投资,至少对愿意进行长期的投资者来说,这种转变是可行的。

结束语

　　葡萄酒种类繁多的特征使研究葡萄酒变得既困难又迷人。葡萄酒市场是经济学者研究的完美对象，学者可以自如地在该领域运用经济学的概念和分析方法进行研究。这一市场越来越多地被作为经济学研究中的重要案例或应用领域。质量不确定性、信息不对称等问题涉及产业经济领域；库存问题、价格轨迹的不稳定性等涉及农业经济领域；在环境经济学方面，关于葡萄酒行业可持续性发展的辩论仍然十分热烈；政府在这一市场中的关键作用，则涉及公共经济领域；最负盛名的葡萄酒涉及奢侈品行业；而鉴于葡萄酒与文化间的密切联系，葡萄酒涉及文化产品领域；葡萄酒已经成为一种替代性金融资产，它涉及金融领域。同时，葡萄酒市场的迅猛增长态势也是研究不断增多的重要原因，目前葡萄酒市场已经遍布全世界。葡萄酒市场的发展是全球化的结果。葡萄酒市场是全球化的实验场所。因此，我们的观察视角可以转向国际经济，部分国家（如智利）通过有效集群自然地创造出比较优势。这种分析更具备宏观经济学性质，涉及汇率、收入、国家战略、保护主义等问题。

目前针对葡萄酒行业已经有了多种研究方法，这些方法有助于确定目前正在进行的重要变化。是否有必要对未来进行预测？这些变化会持续下去甚至变得更加强烈吗？或者相反，这些变化会消失甚至在未来的岁月里会出现反转吗？核心问题之一是世界市场领导者。"旧世界"能否继续保持市场领导者地位？中国是否会像在其他许多行业当中领先一样，在葡萄酒行业也取得领导地位？风土与品牌、本真性与营销、全球与本地之间将达到怎样的平衡？

要知道，葡萄酒行业已经远离了埃皮纳勒版画上描绘的那些耕着自己一亩三分地的传统小酒农的形象。然而，这种小酒农仍然存在。它仍然是生产的坚实核心，至少在欧洲是如此，这种方式赋予了葡萄酒典型性和田园诗歌性。在消费重新回归本土化的社会经济背景下，葡萄酒凭借其风土、独特的味道和产品特性，可能会越来越受到追捧。

参考文献

AKERLOF G. A., « The market for "lemons" : quality uncertainty and the market mechanism », *The Quarterly Journal of Economics*, vol. 84, n° 3, 1970, p. 488-500.

ALI H. H., LECOCQ S. et VISSER M., « The impact of gurus : Parker grades and *en primeur* wine prices », *The Economic Journal*, vol. 118, n° 529, 2008, p. F158-F173.

ALMENBERG J. et DREBER A., « When does the price affect the taste ? Results from a wine experiment », *Journal of Wine Economics*, vol. 6, n° 1, 2011, p. 111-121.

ALSTON J. M. *et al.*, « *Splendide mendax* : false label claims about high and rising alcohol content of wine », *Journal of Wine Economics*, vol. 10, n° 3, 2015, p. 275-313.

ANDERSON K. et WITTWER G., « Asia's evolving role in global wine markets », *China Economic Review*, vol. 35, 2015, p. 1-14.

ASHENFELTER O., « How auctions work for wine and art », *The Journal of Economic Perspectives*, vol. 3, n° 3, 1989, p. 23-36.

— « Predicting the quality and prices of Bordeaux wine », *The Economic Journal*, vol. 118, n° 529, 2008, p. F174-F184.

ASHENFELTER O., GOLDSTEIN R. et RIDDELL C., « Do expert ratings measure quality ? The case of restaurant wine lists », *in 4th Annual AAWE Conference at the University of California*, Davis, 2010.

ASHENFELTER O. et JONES G. V., « The demand for expert opinion : Bordeaux wine », *Journal of Wine Economics*, vol. 8, n° 3, 2013, p. 285-293.

ASHTON R. H., « Improving experts' wine quality judgments : two heads are better than one », *Journal of Wine Economics*, vol. 6, n° 2, 2011, p. 160-178.

AYLWARD D., « Working together : innovation and export links within highly developed and embryonic wine clusters », *Strategic Change*, vol. 13, n° 8, 2004, p. 429-439.

BARGAIN O., CARDEBAT J.-M. et VIGNOLLES A., « Crowdfunding in wine », *AAWE Working Paper*, n° 196, 2016.

BASTÍAS C. R., CHEUNG Y. et LEE V. C. S., « Clusters and innovation : a case of the Colchagua wine cluster », *in Pacific Asia Conference on Information Systems (PACIS) Proceedings*, 2014.

BAZEN S. et CARDEBAT J.-M., « Forecasting Bordeaux AOC wine prices using state-space method », *AAWE Conference*, Bordeaux, juin 2016.

BECKERT J., RÖSSEL J. et SCHENK P., « Wine as a cultural product symbolic capital and price formation in the wine field », *Sociological Perspectives*, 2016, DOI : 0731121416629994.

BEVERLAND M., « The "real thing" : branding authenticity in the luxury wine trade », *Journal of Business Research*, vol. 59, n° 2, 2006, p. 251-258.

BLOT C., *Pour le suivi d'une segmentation du marché du vin*, FranceAgriMer, 2011, www.franceagrimer.fr/content/download/8900/56563/file/ConfFranceAgriMersegmarchevinSitevi29112011.pdf.

BRÉMOND J., « Rioja : a specific and efficient economic model for wine region organization », *Journal of Wine Research*, vol. 25, n° 1, 2014, p. 19-31.

BROCHET F., « La dégustation : étude des représentations des objets chimiques dans le champ de la conscience », thèse de doctorat, Institut des sciences de la vigne et du vin (ISVV)/Université de Bordeaux-II, 2000.

BROCHET F. et MORROT G., « Influence du contexte sur la perception du vin. Implications cognitives et méthodologiques », *Journal international des sciences de la vigne et du vin/International Journal of Vine and Wine Sciences*, 1999.

CAFAGGI F. et IAMICELI P., « Inter-firm networks in the European wine industry », *American Association of Wine Economists Working Paper*, n° 77, 2010.

CARDEBAT J.-M., FAYE B., LEFUR E. et STORCHMANN K., « The law of one price on the fine wines market », *Journal of Wine Economics*, vol. 12, n° 1, 2017.

CARDEBAT J.-M. et FIGUET, J.-M., « What explains Bordeaux wine prices ? », *Applied Economics Letters*, vol. 11, n° 5, 2004, p. 293-296.

— « Estimation of a hedonic price equation for Alsace, Beaujolais and Provence wines », *Applied Economics Letters*, vol. 16, n° 9, 2009, p. 921-927.

CARDEBAT J.-M., FIGUET J.-M. et PAROISSIEN E., « Expert opinion and Bordeaux wine prices : an attempt to correct biases in subjective judgments », *Journal of Wine Economics*, vol. 9, n° 3, 2014, p. 282-303.

CARDEBAT J.-M., GERGAUD O. et RÉGIBEAU P., « Price dispersion and competition : the case of wine in restaurants », *AAWE Conference*, Mendoza, mai 2015.

CARDEBAT J.-M. et JIAO L., « The long-term financial drivers of fine wine prices : the role of emerging markets », *AAWE Conference*, Bordeaux, juin 2016.

CARDEBAT J.-M. et LIVAT F., « Le futur Robert Parker sera chinois », *Les Échos*, 21 décembre 2012.

— « Wine experts' rating : a matter of taste ? », *International Journal of Wine Business Research*, vol. 28, n° 1, 2016, p. 43-58.

CARDEBAT J.-M. et PAROISSIEN E., « Standardizing expert wine scores : an application for Bordeaux *en primeur* », *Journal of Wine Economics*, vol. 10, n° 3, 2015, p. 329-348.

CEPII, *L'Économie mondiale 2016*, La Découverte, « Repères », Paris, 2015.

CHAMBOLLE C. et GIRAUD-HÉRAUD É., « Certification de la qualité par une AOC : un modèle d'analyse », *Économie et prévision*, n° 3, 2003.

CHANG K. J., THACH M. W. L. et OLSEN J., « Wine and health perceptions : exploring the impact of gender, age and ethnicity on consumer perceptions of wine and health », *Wine Economics and Policy*, vol. 5, n° 2, 2016.

CHARTERS S. et PETTIGREW S., « Is wine consumption an aesthetic experience ? », *Journal of Wine Research*, vol. 16, n° 2, 2005, p. 121-136.

— « The dimensions of wine quality », *Food Quality and Preference*, vol. 18, n° 7, 2007, p. 997-1007.

CHAVIS L. et LESLIE P., « Consumer boycotts : the impact of the Iraq war on French wine sales in the US », *Quantitative Marketing and Economics (QME)*, vol. 7, n° 1, 2009, p. 37-67.

COASE R. H., « The nature of the firm », *Economica*, vol. 4, n° 16, 1937, p. 386-405.

COLEN L. et SWINNEN J. F. M., « Beer drinking nations. The determinants of global beer consumption », *AAWE Working Paper*, n° 79, 2011.

COMBRIS P., LECOCQ S. et VISSER M., « Estimation of a hedonic price equation for Bordeaux wine : does quality matter ? », *The Economic Journal*, vol. 107, n° 441, 1997, p. 390-402.

CORBEAU J.-P., « Réflexions sociologiques "en vrac" sur le vin : le vin à l'heure de la mondialisation », *Anthropology of Food*, n° 3, 2004.

CORSI A. et STRØM S., « The price premium for organic wines : estimating a hedonic farm-gate price equation », *Journal of Wine Economics*, vol. 8, n° 1, 2013, p. 29-48.

COSTANIGRO M., APPLEBY C. et MENKE S. D., « The wine headache : consumer perceptions of sulfites and willingness to pay for non-sulfited wines », *Food Quality and Preference*, vol. 31, n° 1, 2014, p. 81-89.

COSTANIGRO M. et MCCLUSKEY J. J., « Hedonic price analysis in food markets », *in* LUSK J. L., ROOSEN J. et SHOGREN J. F. (dir.), *The Oxford Handbook of the Economics of Food Consumption and Policy*, Oxford University Press, New York, 2011, p. 153-161.

COSTIER B. et MARETTE S., *Économie de la qualité*, La Découverte, « Repères », Paris, 2004.

COX D., « Predicting consumption, wine involvement and perceived quality of Australian red wine », *Journal of Wine Research*, vol. 20, n° 3, 2009, p. 209-229.

CURRAN L. et THORPE M., « Chinese FDI in the French and Australian wine industries : liabilities of foreignness and country of origin effects », *Frontiers of Business Research in China*, vol. 9, n° 3, 2015.

D'AMICO M., DI VITA G. et MONACO L., « Exploring environmental consciousness and consumer preferences for organic wines without sulfites », *Journal of Cleaner Production*, vol. 120, 2016, p. 64-71.

DANA L.-P. et GRANATA J., « Évolution de la coopétition dans un *cluster* : le cas de Waipara dans le secteur du vin », *Journal of Small Business & Entrepre-*

neurship, vol. 26, n° 4, 2013, p. 429-442.

DARBY M. R. et KARNI E., « Free competition and the optimal amount of fraud », *The Journal of Law & Economics*, vol. 16, n° 1, 1973, p. 67-88.

DELMAS M. A., GERGAUD O. et LIM J., « Does organic wine taste better ? An analysis of experts'ratings », *An Analysis of Experts' Ratings*, *Journal of Wine Economics*, vol. 3, n° 3, 2016.

DELMAS M. A. et GRANT L. E., « Eco-labeling strategies and price-premium. The wine industry puzzle », *Business & Society*, vol. 53, n° 1, 2014, p. 6-44.

DELMAS M. A. et LESSEM N., « Eco-premium or eco-penalty ? Eco-labels and quality in the organic wine market », *Business & Society*, 2015.

DIMSON E., ROUSSEAU P. L. et SPAEN-JERS C., « The price of wine », *Journal of Financial Economics*, vol. 118, n° 2, 2015, p. 431-449.

FERNÁNDEZ-OLMOS M., ROSELL-MARTÍNEZ J. et ESPITIA-ESCUER M. A., « Vertical integration in the wine industry : a transaction costs analysis on the Rioja DOCa », *Agribusiness*, vol. 25, n° 2, 2009, p. 231-250.

FOGARTY J. J., « Alcohol demand, externalities and welfare-maximising alcohol taxes », *in* GIRAUD-HÉRAUD E. *et al.* (dir.), *Wine Economics*, Palgrave Macmillan, Londres, 2013, p. 28-48.

FRANCEAGRIMER, « Enquête sur la consommation de vin en France en 2015. Le vin : transformation d'une composante de repas à une boisson culturelle ? », *Synthèses*, octobre 2015.

— « Observatoire économique mondial des vins rosés », *Synthèses*, mars 2016.

FULCONIS F. et VIVIANI J. L., « Purchasing modalities and consumption of wines in Romania : a segmentation proposal », *Timisoara Journal of Economics*, vol. 3, n° 1, 2010, p. 27-40.

GERGAUD O. et LIVAT F., « How do consumers use signals to assess quality ? », *American Association of Wine Economists Working Paper*, n° 3, 2007, p. 1-22.

GIEC, *Changements climatiques 2013. Les éléments scientifiques*, Contribution du Groupe de travail I au 5e Rapport d'évaluation du Groupe d'experts intergouvernemental sur l'évolution du climat, 2013.

GINON E. *et al.*, « Logos indicating environmental sustainability in wine production : an exploratory study on how do Burgundy wine consumers perceive them », *Food Research International*, vol. 62, 2014, p. 837-845.

GINSBURGH V., « Absentee bidders and the declining price anomaly in wine auctions », *Journal of political Economy*, vol. 106, n° 6, 1998, p. 1302-1319.

GIULIANI E., « Network dynamics in regional clusters : evidence from Chile », *Research Policy*, vol. 42, n° 8, 2013, p. 1406-1419.

GOUEL C., « Agricultural price instability : a survey of competing explanations and remedies », *Journal of Economic Surveys*, vol. 26, n° 1, 2012, p. 129-156.

GUSTAFSON R. L., « Implications of recent research on optimal storage rules », *Journal of Farm Economics*, vol. 40, n° 2, 1958, p. 290-300.

HEINE K., PHAN M. et ATWAL G., « Authenticity and prestige : what luxury brands could learn from the wine industry ? », *Luxury Research Journal*, vol. 1, n° 2, 2016, p. 177-190.

HODGSON R. T., « An examination of judge reliability at a major US wine competition », *Journal of Wine Economics*, vol. 3, n° 2, 2008, p. 105-113.

— « An analysis of the concordance among 13 US wine competitions », *Journal of Wine Economics*, vol. 4, n° 1, 2009, p. 1-9.

HOLMBERG L., « Wine fraud », *International Journal of Wine Research*, vol. 2, 2010, p. 105-13.

INSEE, « Les crises sanitaires dans les filières de la viande », *Insee Première*, n° 1166, novembre 2007.

JAEGER D. A. et STORCHMANN K., « Wine retail price dispersion in the United States : searching for expensive wines ? », *American Economic Review*, vol. 101, n° 3, 2011, p. 136-141.

JANSSEN M. et HAMM U., « Product labeling in the market for organic food : consumer preferences and willingness-to-pay for different organic certification logos », *Food Quality and Preference*, vol. 25, n° 1, 2012, p. 9-22.

JIAO L., « Macroeconomic determinants of wine prices », *AAWE Working Paper*, n° 202, 2016.

JOHNSON H., *Une histoire mondiale du vin de l'Antiquité à nos jours*, Hachette, Paris, 2012.

KRUGMAN P. R., *Geography and Trade*, MIT Press, Cambridge, 1991.

LANCASTER K. J., « A new approach to consumer theory », *The Journal of Political Economy*, vol. 74, n° 2, 1966, p. 132-157.

MASSET P., WEISSKOPF J.-P. et COSSUTTA M., « Wine tasters, ratings and *en primeur* prices », *Journal of Wine Economics*, vol. 10, n° 1, 2015, p. 75-107.

MARKETLINE, « Global wine industry guide », *MarketLine Industry Profile*, avril 2015, www.marketline.com.

MARKS D., « Competitiveness and the market for Central and Eastern European wines : a cultural good in the global wine market », *Journal of Wine Research*, vol. 22, n° 3, 2011, 245-263.

MELONI G. et SWINNEN J., « The political economy of European wine regulations », *Journal of Wine Economics*, vol. 8, n° 3, 2013, p. 244-284.

MONTAIGNE E. et COELHO A., « Structure of the producing side of the wine industry : firm typologies, networks of firms and clusters », *Wine Economics and Policy*, vol. 1, n° 1, 2012, p. 41-53.

MORA P. et LIVAT F., « Does storytelling add value to fine Bordeaux wines ? », *Wine Economics and Policy*, vol. 2, n° 1, 2013, p. 3-10.

MORDOR INTELLIGENCE, *Global Wine Market. Growth, Trends and Forecasts (2016-2021)* rapport, octobre 2016.

NESBITT A., KEMP B., STEELE C., LOVET A. et DORLING S., « Impact of recent climate change and weather variability on the viability of UK viticulture — combining weather and climate records with producers' perspectives », *Australian Journal of Grape and Wine Research*, vol. 22, n° 2, 2016, p. 324-335.

OCZKOWSKI E. et DOUCOULIAGOS H., « Wine prices and quality ratings : a meta-regression analysis, *American Journal of Agricultural Economics*, vol. 97, n° 1, 2014.

OGBEIDE O. A., FORD C. et STRINGER R., « The environmental benefits of organic wine : exploring consumer willingness-to-pay premiums ? », *Journal of Food Products Marketing*, vol. 21, n° 5, 2015, p. 482-502.

OUTREVILLE J.-F. et HANNI M., « Multinational firms in the world wine industry : an investigation into the determinants of most-favored locations », *Journal of Wine Research*, vol. 24, n° 2, 2013, p. 128-137.

PAROISSIEN E., « Insight from the entry-level Bordeaux wine bulk market : does quality matter ? », *Document de travail du LAREFI*, 2015, http://lare-efi.u-bordeaux4.fr/.

PENNERSTORFER D. et WEISS C. R., « Product quality in the agri-food chain : do cooperatives offer high-quality wine ? », *European Review of Agricultural Economics*, vol. 40, n° 1, 2012.

PORTER M. E., « Clusters and the new economics of competition », *Harvard Business Review*, novembre-décembre 1998.

RICKARD B. J., COSTANIGRO M. et GARG T., « Economic and social implications of regulating alcohol availability in grocery stores », *Applied Economic Perspectives and Policy*, vol. 35, n° 4, 2013, p. 613-633.

ROBERTS M. J. et SCHLENKER W., « Identifying supply and demand elasticities of agricultural commodities : implications for the US ethanol mandate », *The American Economic Review*, vol. 103, n° 6, 2013, p. 2265-2295.

ROSEN S., « Hedonic prices and implicit markets : product differentiation in pure competition », *Journal of Political Economy*, vol. 82, n° 1, 1974, p. 34-55.

SÁENZ-NAVAJAS M.-P. *et al.*, « Perception of wine quality according to extrinsic cues : the case of Burgundy wine consumers », *Food Quality and Preference*, vol. 27, n° 1, 2013, p. 44-53.

SCHIRMER R. *et al.*, « Vignobles et vins du Chili : un nouveau monde viti-vinicole révolutionnant la promotion et la valorisation du vin ? », *Document de travail*, 2013.

SIMPSON J., « Factor endowments, markets and vertical integration. The development of commercial wine production in Argentina, Australia and California, 1870-1914 », *Revista de Historia Económica — Journal of Iberian and Latin American Economic History*, vol. 29, n° 1, 2011, p. 39-66.

STORCHMANN K., « Wine economics », *Journal of Wine Economics*, vol. 7, n° 1, 2012, p. 1-33.

SWINNEN J. F., MCCLUSKEY J. et FRANCKEN N., « Food safety, the media, and the information market », *Agricultural Economics*, vol. 32, n° 1, 2005, p. 175-188.

WILLIAMS J. C. et WRIGHT B. D., *Storage and Commodity Markets*, Cambridge University Press, Cambridge, 1991.

YEO M., FLETCHER T. et SHAWE-TAYLOR J., « Machine learning in fine wine price prediction », *Journal of Wine Economics*, vol. 10, n° 2, 2015, p. 151-172.

图书在版编目（CIP）数据

葡萄酒经济学 /（法）让－玛丽·卡德拜
（Jean－Marie Cardebat）著；范郑杰译. -- 北京：社
会科学文献出版社，2019.1
（思想会）
ISBN 978－7－5201－3297－8

Ⅰ.①葡…　Ⅱ.①让…②范…　Ⅲ.①葡萄酒－酿酒
工业－产业经济学　Ⅳ.①F407.82

中国版本图书馆 CIP 数据核字（2018）第 185949 号

·思想会·

葡萄酒经济学

著　　者／〔法〕让－玛丽·卡德拜（Jean-Marie Cardebat）
译　　者／范郑杰
审　　校／王　昭

出 版 人／谢寿光
项目统筹／祝得彬
责任编辑／吕　剑

出　　版／社会科学文献出版社·当代世界出版分社（010）59367004
　　　　　地址：北京市北三环中路甲 29 号院华龙大厦　邮编：100029
　　　　　网址：www.ssap.com.cn
发　　行／市场营销中心（010）59367081　59367083
印　　装／三河市龙林印务有限公司

规　　格／开　本：889mm×1194mm　1/32
　　　　　印　张：6.125　字　数：78 千字
版　　次／2019 年 1 月第 1 版　2019 年 1 月第 1 次印刷
书　　号／ISBN 978－7－5201－3297－8
著作权合同
登 记 号／图字 01－2018－1796 号
定　　价／38.00 元

本书如有印装质量问题，请与读者服务中心（010－59367028）联系